¡Auxilio!
¡Mi hijo no trae manual!

¡Auxilio!
¡Mi hijo no trae manual!

Prácticas de crianza positiva, prevención de adicciones y bullying

Francisco Javier Pedroza Cabrera (coordinador)
Brenda Mendoza González
Kalina Isela Martínez Martínez

PAX

EL LIBRO MUERE CUANDO LO FOTOCOPIAN

❧

Título de la obra: *¡Auxilio! ¡Mi hijo no trae manual! Prácticas de crianza positiva, prevención del bullying y adicciones*

COORDINACIÓN EDITORIAL: Matilde Schoenfeld
PORTADA: Carlos Varela Vázquez
DIAGRAMACIÓN: Ediámac

© 2013   Editorial Pax México, Librería Carlos Cesarman, SA
Av. Cuauhtémoc 1430
Col. Santa Cruz Atoyac
México DF 03310
Tel. 5605 7677
Fax 5605 7600
www.editorialpax.com

Primera edición
ISBN 978-607-7723-93-6
Reservados todos los derechos
Impreso en México / Printed in Mexico

A mi esposa, por sus consejos en lo profesional y en lo personal, y sobre todo por acompañarme en esta vida.

En especial, a mis hijos Áxel y Alan, que son mi mayor empresa.

Francisco Pedroza

A mi madre, mi guía, mi fuerza y mi ejemplo de vida, a mi padre (†) mi luz, a mis hermanos Jes y Charly, mi eterno apoyo y amor, a mis amores chiquitos: Camila y Charlito, y al amor de todas mis vidas: Hugo.

Brenda Mendoza

A mis hijos, Áxel y Alan, que cada día me demuestran los retos más importantes del futuro, y a todas las personas que han compartido sus historias de dificultades en la tarea más hermosa pero también la más difícil: *educar en el cuidado personal a los niños.*

Kalina Martínez

Los autores agradecen la participación de San Juana Aguilera Ruvalcaba y Mayra Alejandra Vázquez Muro por sus valiosas aportaciones en la revisión de literatura y en la redacción y diseño de los materiales.

ÍNDICE

Introducción

La niñez como una etapa de la vida

Este trabajo está realizado pensando en que usted pueda tener mayor claridad respecto a los principales cambios que su hijo experimenta de los seis a los 12 años de edad; la importancia de esta etapa en la vida del niño es porque corresponde a su inserción en la escuela, y las nuevas relaciones y reglas a las que estará expuesto.

Teniendo una mayor claridad de lo que está viviendo su hijo podrá comprenderlo mejor y apoyarlo, para aprovechar esta etapa al máximo. Esperamos que este texto le facilite la comprensión de todas las experiencias que vive su hijo en este momento o que vivirá cuando llegue a esas edades y así les facilite el camino, al estar preparado para apoyarlo de la manera más adecuada.

¿Qué es la niñez?

La niñez es una etapa decisiva en el desarrollo de las capacidades físicas, intelectuales y sociales de cada niño y niña; en esta fase se forman las bases y condiciones esenciales sobre las cuales la persona se preparará para los siguientes periodos de la vida. La tarea de los padres es lograr que el niño pase por este ciclo de la manera más tersa, con el amor, la seguridad y confianza que le permitan avanzar en las siguientes etapas, contando con las capacidades necesarias para enfrentar con éxito las diferentes condiciones de su vida.

A continuación, como punto de referencia, se describen los principales procesos de desarrollo que inician alrededor de los seis años y finalizan aproximadamente a los 12, periodo conocido como niñez media.

PROCESOS BÁSICOS A REALIZAR EN ESTE PERIODO

Desarrollo motor

El desarrollo motor es importante porque, gracias al movimiento, el niño puede conocer su medio y esto le ayudará en el desarrollo de sus capacidades, pues el movimiento es la llave para explorar el mundo.

La estatura, el peso y las proporciones del cuerpo cambian durante los años escolares –aunque menos visiblemente que en la etapa anterior (niñez temprana) y que en la adolescencia–. Los niños crecen a ritmos diferentes y, como consecuencia de esto, cualquier grupo de niños de la misma edad cronológica incluirá niños de atributos físicos muy diferentes; sin embargo, tratándose de cada niño en particular, los ritmos de crecimiento son muy estables y consistentes.

El desarrollo de las aptitudes y habilidades durante la niñez media depende de la maduración de las estructuras físicas y fisiológicas que hacen posible la coordinación motora.

A la edad de seis años las niñas tienen mayor precisión en la ejecución de movimientos y los niños realizan mejor las actividades que tienen que ver con fuerza y complejidad. A los siete años ambos géneros se igualan y pueden estar sobre un solo pie y caminar en barras de 5 cm. de ancho. En los dos años siguientes pueden realizar una gran variedad de juegos que impliquen movimiento, y a los diez años les es posible seguir la trayectoria de una pelota lanzada y atraparla con facilidad. Después, entre los diez y 12 años, tanto niñas como niños pueden saltar alcanzando alturas de hasta 90 cm.

Desarrollo cognitivo

El desarrollo cognitivo es fundamental porque gracias a éste aprendemos a pensar, y el pensar nos ayuda a entender, organizar y estructurar el mundo que nos rodea.

Sin duda alguna, la teoría más influyente del desarrollo cognitivo de la infancia a la adolescencia, es la que formuló el psicólogo suizo Jean Piaget. Sus observaciones lo convencieron de que los niños de diferentes edades piensan de manera distinta y que los cambios del desarrollo cognitivo se producen en distintos estadios o fases claramente definidas. Cada fase implica una forma diferente de pensar el mundo y la maduración es la fuente que impulsa y posibilita el desarrollo a la siguiente fase.

De acuerdo con la teoría de Piaget, durante la edad escolar los niños comienzan a pensar lógicamente por primera vez; es decir, ya analizan las situaciones de manera más racional, pueden identificar causas y efectos, tienen la posibilidad de considerar los espacios y tamaños de los objetos para calcular sus movimientos; de tal manera que se vuelven más hábiles para la solución de problemas reales y esto da lugar a una comprensión más avanzada del mundo; sin embargo, a esta edad los niños están limitados a pensar sólo en las cosas que viven actualmente y no en las cosas que podrían pasar en el futuro.

A continuación se presenta un cuadro que describe de manera más detallada las operaciones que se desarrollan en este periodo.

Operación mental	Descripción
Pensamiento Espacial	Entender mejor las relaciones espaciales. Idea más clara de la distancia entre un lugar y otro, y de cuánto tardaran en llegar allá. Habilidad para usar mapas y modelos. Comunicar información espacial a otros.
Causa y efecto	Distinguen atributos físicos de los objetos que afectan un resultado. Selección de cosas de importancia.
Clasificación	Reconoce la relación entre objetos. Comprensión de la relación entre un todo y sus partes. La habilidad para categorizar ayuda a pensar lógicamente.
Seriación	Habilidad para organizar un grupo de objetos de acuerdo a una variable.
Razonamiento Inductivo	Tipo de razonamiento lógico que avanza de observaciones particulares a generales.
Razonamiento Deductivo	Tipo de razonamiento lógico que avanza de una premisa general a una conclusión particular.

Desarrollo social

El desarrollo social es la base para que el niño descubra que la interacción con los demás le permitirá controlar sus conductas y hacerse una imagen de él mismo ante los otros.

Actualmente no existe un acuerdo respecto a la edad en la cual el niño comienza a socializar, encontrándose dos posturas al respecto: quienes creen que el niño socializa desde el nacimiento y quienes creen que ocurre cuando el niño tiene conciencia de sí y de los demás. Sin embargo, todos coinciden en la importancia de la interacción del niño con sus padres, pues son ellos quienes se encuentran presentes durante los primeros años de su desarrollo. En la interacción con los padres, el niño aprenderá las primeras maneras de comportarse con los demás, y va a adquirir las actitudes y valores que utilizará para relacionarse con los otros en edades posteriores.

Cuando el niño comienza a relacionarse con personas ajenas a su familia, pone en práctica las conductas aprendidas en casa y adquiere otras, pero los principales cambios ocurren cuando el niño entra al Jardín de Niños o la escuela primaria, debido a que estás instituciones ponen al niño en contacto con normas sociales más generalizadas como el respeto a los otros, obedecer turnos, solicitar permiso para ir al baño, etcétera.

A través de los compañeros, los niños comienzan a establecer más claramente relaciones sociales, en donde encuentran juegos, reglas, tradiciones y códigos sociales. Cabe señalar que el modo particular en que los niños se relacionan e influyen entre sí, varía según el contexto y grupo social en que se desenvuelven.

A continuación se describirán brevemente los cambios que experimenta el niño en la conducta social durante este periodo de su vida, así como la importancia que estos cambios representan.

Inserción en la escuela

Con el ingreso a la escuela cambia el entorno del niño. El cambio y la adaptación le resultarán más difíciles cuando sus oportunidades de relacionarse con otros niños o adultos haya sido limitada (Nickel, 1978). El profesor suele desempeñar un papel dominante en la vida del niño durante la edad escolar, siendo una figura importante para el aprendizaje de nuevos comportamientos, seguido por la influencia de los compañeros.

La importancia de la escuela radica en que el niño debe adaptarse a un ambiente diferente al de su casa. En este nuevo escenario se presentan situaciones hasta entonces desconocidas para él, que le brindan la oportunidad de aprender nuevas conductas que puedan cubrir con las exigencias planteadas; por ejemplo, el niño debe cubrir actividades solicitadas por el profesor en tiempos específicos; se espera que se mantenga atento durante las actividades, que se limite a jugar durante el recreo, que participe en actividades con sus compañeros, que comparta los materiales con otros y sepa pedir que se los compartan, entre otras.

Usted como padre juega un papel muy importante en todo el proceso de inserción a la escuela, pues es quien propiciará el entorno adecuado: ayudando a su hijo en la realización de tareas o trabajos escolares, estando pendiente de que el niño descanse lo suficiente, teniendo listo su uniforme y útiles todos los días, procurando alimentarlo sanamente, etcétera; y con ello le ayudará a estar preparado y hará evidente su apoyo en este gran paso del niño.

En la medida en que su hijo exprese agrado por sus actividades en la escuela, usted podrá conocer el éxito obtenido y, por el contrario, en la medida en que el niño exprese incomodidad o disgusto respecto a la escuela, estará indicando que tiene dificultades para adaptarse adecuadamente a este nuevo escenario. Es importante que esté pendiente de los comentarios que su hijo hace respecto a las actividades realizadas en sus clases, referentes a sus compañeros y la institución, así como de las recomendaciones que le den los profesores del niño. De ese modo, podrá actuar con mayor rapidez para favorecer la adaptación de su hijo y para favorecer un mejor desempeño escolar.

Recuerde que:

- El ambiente y la genética influyen en la conducta de todos los individuos.
- La infancia media abarca la edad escolar de los seis a los 12 años, y en ella ocurren importantes cambios en las personas.
- Los niños crecen a ritmos diferentes, el desarrollo psicomotor es la evolución de las capacidades para realizar movimientos. Este desarrollo es el que se ve más claramente definido, pues los cambios que se manifiestan a nivel físico afectan directamente el equilibrio, la precisión y la calidad del movimiento.
- En el aspecto cognitivo se está en la fase de las operaciones concretas –de siete a 11 años–, cuando el niño comienza a pensar lógicamente por primera vez.

- El niño empieza a interactuar con otros, principalmente con niños de su edad; se encuentra con reglas a seguir, normas y costumbres diferentes, que va aprendiendo y realizando de manera cada vez más adecuada. La socialización es el resultado de este aprendizaje.
- Con el ingreso a la escuela cambia el entorno del niño, enfrenta un ambiente nuevo donde tiene que aprender expectativas del lugar y de los profesores, así como incluir a sus pares en su ambiente.

PARTE I

PRÁCTICAS DE CRIANZA

INTRODUCCIÓN

Las prácticas de crianza se refieren a todas aquellos actos que realiza cada uno de los padres al instruir, educar y dirigir a un hijo de manera cotidiana. Es muy importante que los padres se coordinen en la crianza de sus hijos; es decir, que acuerden qué cosas puede o no hacer el niño y bajo qué circunstancias. Mientras mayor sea el acuerdo menos discusiones se presentarán al respecto.

Cuando no existen claros acuerdos entre los padres sobre cómo educar a sus hijos, y cuáles comportamientos son permitidos y cuáles no, el niño fácilmente puede identificar esos desacuerdos para mostrar conductas diferentes con cada padre. Por ejemplo, el niño pide permiso a un padre y no al otro, porque sabe que el primero si accederá a su petición y el segundo no; en ocasiones el niño hace berrinche a su mamá para que lo deje ver la televisión, pero no lo hace frente al papá; el niño se niega a hacer un mandado con uno de los padres pero no con el otro; la hija puede mencionar a su mamá que tiene pareja, pero no a su papá, etcétera.

Los acuerdos sobre la crianza del niño, deben cumplirse tanto cuando están ambos padres como cuando sólo se encuentra uno de ellos, respetando todo el tiempo los límites que hayan considerado adecuados para las conductas del niño. Si bien es probable que en ocasiones se presente alguna situación en la que los padres no hayan acordado cómo actuar (por ejemplo, llaman de la escuela para pedir autorización para llevar al niño al museo), la decisión que tome el padre que esté presente deberá ser respetada por el otro y, para ocasiones futuras, se puede llegar a un acuerdo de cómo responder ante este tipo de situaciones.

Es muy probable que durante su desarrollo, el niño realice ciertas conductas que los padres no consideran convenientes y resulte difícil modificarlas; dichas actitudes pueden llegar a convertirse en un problema a causa de la frecuencia con que se presentan o por las repercusiones que tienen para los padres, para el niño o para otras personas; por ejemplo, que no quiera irse a dormir a la hora indicada, realice berrinches, que tenga dificultades para ponerse la ropa, inadecuados hábitos de higiene, que deje los juguetes tirados, que golpee a otro niño, etcétera.

Generalmente, los padres de niños con problemas de conducta, desde un inicio no supieron que hacer para controlarla, además de que es frecuente que utilicen formas hostiles para modificar estos comportamientos, y descuiden el empleo de recompensas y ejemplos para desarrollar conductas sociales adecuadas.

Dentro de la disciplina inadecuada utilizada por los padres de niños con conductas problema, resaltan tres aspectos: a) disciplina inflexible e inconsistente, b) supervisión pobre, y c) rechazo al niño, así como desinterés en las actividades que realiza. Sin embargo, existen prácticas disciplinarias que favorecen el sano desarrollo de los niños, a lo que nosotros llamamos *disciplina positiva*.

En el curso normal de desarrollo, el niño requiere de una diversidad de conductas que necesita aprender, siendo los padres quienes más están involucrados en dicho aprendizaje. Durante la interacción con su hijo usted puede observar claramente cómo es que el niño se comporta, cuándo es que el niño realiza una conducta apropiada a las circunstancias y condiciones en que se encuentra, y cuándo la conducta que realiza es inadecuada. El identificar esto permite que usted pueda reconocer y aprobar al niño cuando se comporta de manera conveniente y hacerle saber cuándo su comportamiento no es el adecuado. Al hacer esto usted está llevando a cabo disciplina positiva.

Cuando el niño realiza de manera constante un comportamiento inadecuado, éste se convierte en una conducta problema. No obstante, debe considerarse que el clasificar una conducta en el niño como adecuada o inadecuada, depende de varios factores relacionados con el lugar y modo en que usted se desenvuelve día a día. Por ejemplo, en una familia se puede tener rotundamente prohibido hablar durante la comida, mientras que en otra se puede optar por hacer de la hora de comida el tiempo de plática. Puede haber familias donde a los niños se les permite salir constantemente con sus amigos; mientras que, en otras, el hacerlo esté prohibido. Un padre puede imponer a su hijo que la hora de ir a dormir sea a las nueve de la noche, otro a las diez, mientras que otro deje que su hijo no tenga un horario fijo para irse a la cama, etcétera.

El objetivo de cambiar ciertos hábitos debe estar dirigido a mejorar el desempeño del niño en sus actividades diarias y que pueda relacionarse con mayor facilidad con otros menores o personas adultas; la meta puede estar dirigida a disminuir aquellas conductas en el niño que dificultan su convivencia con otros o aquellas que son peligrosas tanto para él como para los demás. También puede buscarse que el niño incremente aquellas habilidades que disminuyan el riesgo de daño o enfermedad, aquellas que favorecen la convivencia o la relación con otros niños o adultos. Además se espera que, con estas modificaciones, los padres mejoren la relación con su hijo, a partir de un cambio en la forma de cómo se manejan las problemáticas que surgen.

En el presente capítulo se abordarán algunos procedimientos para que los padres puedan ayudar al niño a relacionarse mejor, propiciando nuevas estrategias de disciplina para emplearlas cotidianamente con él. Cada una de las actividades sugeridas está presentada de tal forma que se podrá llevar a cabo paso a paso, identificando aquellos elementos que necesitará para el control y manejo de las conductas adecuadas e inadecuadas del niño. Es indispensable que advierta la necesidad de invertir tiempo en su hijo para llevar a cabo todas las sugerencias propuestas de forma efectiva, pues de ello dependerán los resultados que obtenga.

Tema 1
Conociendo el comportamiento de mi hijo

Propósito

Usted identificará las conductas de su hijo y determinará qué modificación debe ir dirigida a disminuir o incrementar su frecuencia, seleccionará una de las conductas a incrementar y aprenderá a observar y registrar cómo se presenta.

Para realizar un cambio en la conducta de su hijo es indispensable que delimite claramente qué es lo que va a ser modificado y que conozca los elementos que están involucrados en el mantenimiento de la actitud.

Parte importante del desarrollo de la conducta de su hijo radica en los eventos que ocurren antes y después de ésta. A continuación hablaremos brevemente de cada uno de estos elementos y su relación con el desarrollo de las actitudes.

La gente ha aprendido a comportarse de manera similar ante las situaciones y personas de la vida diaria. Los niños aprenden a identificar aquellas situaciones idóneas para solicitar las cosas; por ejemplo, "cuando mamá está muy feliz", si pide dinero o permiso para ir a algún lado generalmente su mamá accede; pero "cuando mamá está molesta o enojada", el niño aprende a no pedir esas cosas, porque generalmente no se le conceden. Estos son ejemplos de eventos que sirven para indicar al niño cuando emitir ciertos comportamientos y cuando abstenerse de externarlos. A todo lo que ocurre antes de se realice una conducta y que esté relacionado directamente con ella, se le denomina *antecedentes*.

Los antecedentes es todo lo que ocurre *antes* de que se presente cierta conducta y que estén relacionados directamente a ella. Los antecedentes crean las condiciones necesarias para que se presente la reacción; no la causan, sino que señalan los posibles resultados que podrían obtenerse de la conducta. En el ejemplo anterior que el niño perciba como feliz o enojada a su mamá, sería uno de los antecedentes para la conducta de *pedir*.

CONSECUENTES

Los *consecuentes* o *consecuencias* son todos los eventos que ocurren *después* de que se presente la conducta y que están relacionados al comportamiento de interés. Las consecuencias son el resultado de manifestar ciertas conductas; por ejemplo, una persona sale de casa sin usar *sweater* (conducta) en diciembre y a causa de ello *se enferma* (consecuente); un niño *no estudia para su examen* (conducta) y obtiene una calificación de seis (consecuencia); alguien se pasa un semáforo con la luz roja (conducta) y se hace acreedor a una multa (consecuencia); un niño hace su tarea diariamente (conducta) y *obtiene puntos extra en la escuela* (consecuencia).

Existen dos tipos de consecuencias, las positivas y las negativas.

Consecuencias positivas

Las consecuencias positivas generalmente las conocemos como recompensas o premios, y son gratificantes como premio a una conducta e incrementan la probabilidad de que se presente otra vez.

Es importante diferenciar entre una consecuencia positiva y una recompensa. Las consecuencias positivas se definen por su efecto en la conducta. Si el evento que sigue a la conducta emitida por el niño incrementa la frecuencia con que el niño la presenta, entonces el evento puede considerarse una consecuencia positiva.

En contraste, las recompensas se definen como algo que se da o se recibe a cambio de hacer algo. Las recompensas como juguetes, sumas de dinero o un viaje, por lo común tienen un gran valor, pero no necesariamente incrementan la probabilidad de que la conducta por las que se reciben se repita.

Por ejemplo, digamos que ha prometido llevar a su hijo de viaje si sus calificaciones aumentan a nueve o más, el niño logra obtener calificaciones altas y lo lleva de viaje. Sin embargo, si las próximas calificaciones del niño son bajas y todas menores a ocho, lo que usted observa es que la recompensa sólo tuvo efectos en una ocasión. Por otro lado, supongamos que su hijo obtiene calificaciones altas y lo lleva de viaje, las próximas veces que recibe calificaciones altas del niño lo sigue llevando de viaje; o sea, esto hace que el niño continúe esforzándose por obtener calificaciones altas. En este caso el llevarlo de viaje se considera una consecuencia positiva dado que ha incrementado las probabilidades de que el niño obtenga calificaciones altas.

Consecuencias negativas

Las consecuencias negativas son los eventos desagradables que siguen a un comportamiento y que tienen como fin evitar que se vuelva a presentar. Por ejemplo, un joven llega a las 2:00 a.m. a casa y sus padres le prohíben salir en un mes, en este caso *no poder salir en un mes* sería el consecuente desagradable para el joven.

Es importante que considere pertinente hacer uso de las consecuencias positivas antes de aplicar las consecuencias negativas, pues la efectividad de las primeras es mayor. No obstante, en algunas ocasiones podría ser necesario aplicarlas y su efectividad dependerá de cómo lo haga.

Más adelante se abordará con mayor detalle cómo utilizar las consecuencias para modificar conductas específicas. A continuación se describe una actividad que le ayudarán a practicar lo aprendido.

MATERIALES

- Hojas blancas
- Lápiz o bolígrafo
- Hoja de registro: Antecedente, Conducta Y Consecuente (ACC)

ACTIVIDAD PARA APRENDER
Prestar atención a las conductas de mi hijo

DELIMITANDO LA CONDUCTA PROBLEMA

Es importante saber qué es lo que se trabajará con el niño de forma clara y detallada. Supongamos que se desea cambiar alguna conducta relacionada con la higiene como, por ejemplo, lavarse los dientes. Primero es necesario especificar cómo es que esta conducta es un problema: ¿el niño no lo hace?, ¿lo hace de manera inadecuada?, ¿se deja pasta en la cara?, ¿no se talla adecuadamente?, ¿no limpia el área donde se lava los dientes?, ¿deja la pasta destapada?, ¿no enjuaga el cepillo?, etcétera.

Realice una lista de las conductas problemáticas que ha identificado en el niño. Posteriormente reflexione sobre cuáles de ellas considera que es más importante cambiar.

Es fundamental que no sólo tenga claro qué comportamiento de su hijo desea modificar, sino también el comportamiento por el cual desea cambiarlo. Para identificar esto pregúntese: ¿Cómo espero que actúe mi hijo para que su conducta no represente un problema? Cuando tenga la respuesta agréguela a un lado de la conducta problema.

Por ejemplo, una mamá clasifica como conducta problema que su hija tire la ropa sucia en el piso, y la conducta que desearía observar podría ser que su hija coloque la ropa sobre su cama o sobre una silla específica, que la lleve al baño, que coloque la ropa sucia en el cesto destinado para ello, etcétera.

Ahora, lea cada una de las conductas que ha escrito en la lista. Algunas costumbres son más complejas que otras; es decir, algunas son consideradas menos problemáticas que otras y por lo tanto pueden modificarse con mayor facilidad. Identifique la conducta que considere menos compleja y problemática del niño y anótela en la hoja de registro ACC.

Es importante iniciar con comportamientos poco complejos que le permitan practicar y observar cambios en su hijo poco a poco.

REGISTRO DEL COMPORTAMIENTO

El registro ACC, es una hoja donde usted puede anotar cómo se presenta un comportamiento, lo que permite realizar un análisis con base en los antecedentes, la conducta que se desea modificar y los eventos consecuentes. Está dividido en columnas, donde se registrará: a) Fecha y hora en que ocurrió el comportamiento; b) Antecedentes, c) Conducta que desea modificar, d) Consecuentes, e) Lugar donde se presenta el comportamiento, y f) Personas presentes en el momento en que ocurre el comportamiento. El llenado del registro lo debe realizar, preferentemente, la persona que pasa mayor tiempo con el niño, y sólo registrará los comportamientos que ocurran cuando se encuentre presente.

Antes de iniciar con el cambio de la conducta es preciso tener claro cuántas veces en el día o durante la semana ocurren los hechos, así como las situaciones en que se presentan, por lo que se sugiere registrar la conducta al menos tres semanas consecutivas antes de intentar modificarla.

PRACTICANDO

Durante la semana observe la conducta que ha seleccionado, anótela en el registro y llene cada uno de los apartados de la manera más detallada posible. Utilice cada una de las filas para el registro de cada una de las ocasiones en que se presente la conducta, si necesita más espacios copie el cuadro en una hoja en blanco y continúe el llenado en ella. Considere el siguiente ejemplo para mayor detalle:

Cuadro de registro ACC

Realización de la tarea

Hora y Fecha en que se presenta la conducta	Antecedente: eventos ocurridos antes de que se presente la conducta y que estén relacionados con la misma.	Conducta: describa detalladamente cómo se dio.	Consecuente: eventos ocurridos después de que se presentó la conducta y que pueden estar relacionados con la misma.	Lugar donde se presenta la conducta.
9:00 p. m. 1/06/2011	Era la hora de la novela y decidimos hacer la tarea durante los comerciales.	El niño se rehúsa a hacer la tarea, tira los materiales y juega con la libreta durante los comerciales.	Termino ayudándole a hacer la tarea.	En la sala de la casa.
10:00 pm 2/06/2011	El niño había estado jugando gran parte de la tarde y se quedó dormido, aunque lo desperté está bostezando mucho.	El niño se queja de que tiene sueño y escribe muy lento y con letra ilegible.	Termino haciendo más de la mitad de la tarea.	En el cuarto de mi hijo.
4:30 p.m. 3/06/2011	El niño llega cansado de la escuela y con hambre. Sus amigos lo invitaron a jugar.	El niño corre por toda la casa con la libreta de la tarea en la mano, negándose a hacerla.	Me saco el cinturón para amenazar con pegarle, pero no le pego. No lo dejo salir a jugar y llora durante casi dos horas.	En la sala de la casa.
5:00 p.m. 4/06/2011	Su papá se comprometió a llevarlo al parque cuando terminara la tarea.	El niño hace la tarea rápido, pero con poca calidad (letra ilegible y grande).	Su papá lo lleva al parque y yo le digo que "¡ojalá terminara así de rápido todos los días y no me hiciera batallar!"	En el comedor.
5/06/2011	Refiere que no le dejaron tarea.			

Revisando los avances

Después de la primera semana de registro examine que la información anotada le sea necesaria; para ello revise qué puede contestar las siguientes preguntas con la información que obtuvo:

- ¿Dónde se presenta la conducta problema?
- ¿Qué pasa antes de que se presente la conducta problema de mi hijo?
- ¿Cuántas veces se presentó la conducta?
- ¿Qué obtiene el niño al presentar esta conducta?
- ¿Quiénes están con su hijo cuando presenta esta conducta?
- ¿Cómo actúan las personas que están con su hijo después de que se externa la conducta problema?

Si la información que registró no es suficiente para contestar las preguntas, identifique qué es lo que debe agregar y añádalo en los próximos registros de la conducta. Recuerde que necesita tener al menos tres semanas de registro antes de iniciar los cambios.

Actividad para la semana

Durante la semana busque el momento apropiado para realizar, junto con su hijo, una lista de las cosas y actividades que le agraden a él, con la finalidad de conocer algunos de los gustos que se tomarán en cuenta para la modificación de la conducta problema, no olvide guardar la lista.

Tema 2
Consecuencias de la conducta de mi hijo

Propósito

Conocerá cómo aplicar adecuadamente las consecuencias positivas, con el fin de aumentar las conductas deseadas en su hijo. Para ello aprenderá las reglas de aplicación de las recompensas.

Toda conducta problema en un niño tiene su contraparte: la conducta adecuada. Por ejemplo, si el niño no hace la tarea, la conducta deseada sería que el niño haga la tarea; si el niño ve muchas horas la televisión, la conducta deseada podría ser que el niño pase más tiempo en otras actividades como jugar con otros niños, leer, sacar a pasear al perro, etcétera.

Es importante que los padres ayuden al niño a conocer cuáles de las conductas que realiza son adecuadas para su sano desarrollo. Una manera de hacer esto es recompensándolo cada vez que emite una conducta adecuada. A continuación se describe cómo es que, trabajando con las recompensas, puede ayudar a su hijo a mejorar su comportamiento.

CONSECUENCIAS POSITIVAS

Como se mencionó anteriormente, las consecuencias positivas generalmente se conocen como recompensas, y siguen a una conducta adecuada, así como incrementan la posibilidad de que se presente otra vez.

Las recompensas se pueden dividir en tres tipos:

Las materiales: Dulces, juguetes, comida, ropa, zapatos, un celular, películas, discos compactos, diplomas, etcétera.
De acceso a actividades: Ir al parque, al circo, al cine, a jugar con sus amigos, ver televisión, jugar videojuegos, etcétera.
Las sociales: Elogios, sonrisas, abrazos, una palmada en la espalda, felicitaciones, mención honorífica, etcétera.

Todas las recompensas pueden resultar efectivas, pero lo más importante para los niños son los reconocimientos de las personas importantes para él, sus padres; esto es, que le reconozcan todas las actividades y tareas que realiza adecuadamente.

Por ejemplo, cuando el niño limpia su habitación correctamente, se le puede mencionar "¡Qué bien te quedó la habitación, felicidades!". Las recompensas tanto materiales como de acceso a actividades deben acompañarse del reconocimiento social, esto facilitará el aumentar la probabilidad de que la conducta recompensada se repita.

Las recompensas pasan a ser consideradas consecuencias positivas cuando su uso constante hace que el niño repita frecuentemente las conductas que fueron recompensadas. Para lograr esto es necesario que los premios se apliquen siguiendo algunas reglas específicas.

- La recompensa debe ser efectiva:
  Cuando usted da a su hijo recompensas, deben ser cosas o actividades que sus hijos prefieren tener o hacer en esos momentos. Mientras mayor agrado genere la recompensa, mayor es la probabilidad de que su hijo repita la conducta por la cual la obtuvo.
- Asociar con elogios:
  Cuando se quiere incrementar un comportamiento adecuado en un niño es importante iniciar recompensando con cosas materiales y al mismo tiempo dar recompensa social (elogiar, felicitar). Esto es esencial dado que el objetivo es llegar a eliminar la recompensa material y continuar con recompensas sociales.
- Evitar saciar:
  Una recompensa puede perder su efecto cuando se entrega en cantidades excesivas o de manera constante. Es importante que las recompensas entregadas al niño sean variadas, para evitar que pierdan su efecto. Por ejemplo, si se intenta recompensar con golosinas a un niño por *jugar con sus hermanos sin golpearlos,* es poco probable que después de varias golosinas el niño desee comer más, por lo cual puede golpear a sus hermanos sin importarle no obtener el premio; sin embargo, si al niño se le dieron dulces, juguetes, paseos, permisos extra, etcétera, es más probable que continúe *jugando con sus hermanos sin golpearlos.*
- Ser consistente:
  Esto se refiere a dar reconocimiento por el buen comportamiento, siempre que éste se presente. Nunca debe pasar por alto el recompensar el comportamiento que desea incrementar.
- Ser inmediato:
  Si desea incrementar una conducta adecuada en su hijo, debe dar inmediatamente una recompensa, de esta manera enseña a su hijo la relación de que cuando realice esa conducta recibirá algo que le agrada. Puede ocurrir que, por diversas razones, en ocasiones no pueda dar inmediatamente la recompensa de tipo material o de acceso a actividades, pero puede dar de manera inmediata una recompensa social o darle puntos al niño por su buen comportamiento (más adelante se explicará en qué consiste el uso de los puntos).

A continuación se presentan algunas actividades que le ayudarán a repasar y practicar los conocimientos adquiridos.

MATERIALES

- Hojas de registro ACC
- Hojas blancas

ACTIVIDAD PARA APRENDER
Aplicar correctamente reglas en casa

La siguiente lista muestra algunas maneras *inadecuadas* de utilizar las recompensas; léalas cuidadosamente y escriba en una hoja blanca cuál o cuáles de las reglas no han sido aplicadas adecuadamente:

1. María desea que su hijo *haga la tarea antes de salir a jugar con sus vecinos,* por lo cual hace lo siguiente: cuando su hijo realiza adecuadamente esta conducta, ella le prepara su postre favorito y se lo da al regresar de jugar, felicitándolo por hacer la tarea antes de irse.
2. Paco quiere que su hija *coloque la basura en un bote* y deje de tirarla en el piso de su recámara, por lo cual instala un bote en dicha habitación. Cada vez que la niña coloca la basura en el bote el papá le da un dulce.
3. Miguel intenta hacer que su hijo *deje limpia el área donde se lava los dientes,* por lo cual en ocasiones le recuerda al niño que lo haga.
4. Paty le ha prometido a su hijo que si *aumenta sus calificaciones* lo llevará a ver una obra de teatro que ella adora, aunque el niño no es fanático de ese tipo de actividades.
5. Jorge comenzó a premiar a su hijo cada vez que *hacía una labor del hogar o ayudaba a hacerla,* pero luego de dos semanas ha olvidado en varias ocasiones premiar al niño.
6. Azucena ofreció a su hijo cierta cantidad de dinero por cada ocasión *que no hable durante la hora de la comida,* pero luego de tres días el dinero se le termina y opta por darle dinero al niño después.
7. Memo decide otorgar una estrellita a su pequeña hija *cada vez que salude cortésmente a las visitas,* sin decirle nada.

8. Diana ha acordado con su hijo permitirle ver la televisión sólo después de que *termine de hacer su tarea;* sin embargo, el niño llega de la escuela y prende la televisión y hasta varias horas después la mamá le indica que la apague y haga su tarea.

9. Manolo prometió a su hija comprarle un juguete nuevo cada vez que se *abstuviera de agredir física o verbalmente a sus primos en las fiestas familiares;* sin embargo, no tiene tiempo de comprar el juguete hasta varias horas o días después de la fiesta.

10. Iván desea que su hijo *se vaya a dormir a las 9:00 p.m.,* por lo cual le prometió leerle un cuento si estaba acostado en su cama al menos 15 minutos antes de esa hora. Al llegar a la recámara, el papá felicita al niño por haberse acostado a la hora indicada y platica con él unos minutos sobre la importancia de irse a dormir temprano, el niño se queda dormido y él se retira a su habitación.

Después de haber anotado sus respuestas verifique que éstas correspondan a las respuestas anotadas abajo.

1. María: en este caso no se aplica la regla de *inmediatez* pues la recompensa se entrega hasta mucho tiempo después de que el niño realiza la conducta, además es probable que los pasteles generen *saciedad.*

2. Paco: en este caso el padre ha olvidado *asociar con elogios.*

3. Miguel: en este caso ninguna de las reglas se está aplicando, dado que el padre no es *consistente* y al recordar al niño que realice esta actividad *tampoco recompensa o asocia con elogios.*

4. Paty: en esta situación el premio aún no ha sido entregado pero observamos que lo que la mamá ofrece no representa una *recompensa efectiva* para el niño.

5. Jorge: dado que Jorge olvida premiar está omitiendo las reglas de *inmediatez, consistencia y asociar con elogios,* pues no siempre lo hace cuando la conducta se presenta.

6. Azucena: en esta situación el que la recompensa no sea entregada inmediatamente disminuye las probabilidades de que la niña se mantenga callada durante la comida, además no se está entregando siempre al recompensa, por lo cual las reglas que se omiten son *inmediatez y consistencia.*

7. Memo: el padre ha olvidado la importancia de elogiar a la niña al realizar la conducta adecuada, por lo cual la regla que se omite es *asociar con elogios.*

8. Diana: la mamá olvida las reglas de *inmediatez* porque no se asegura de cumplir con el trato y dejarlo ver la televisión hasta después de que el niño haga la tarea, *falta consistencia,* porque no se asegura de siempre entregar el premio.

9. Manolo: al no entregar la recompensa inmediatamente después de que el niño no les pega a sus primos, se omite la regla de *inmediatez;* además, el padre no *asocia con elogios* la conducta de su hija (lo cual también le podría servir como recompensa).

10. Iván: aun cuando el padre ha elogiado la conducta de su hijo y ha ido a su cuarto para estar con el niño unos minutos *(inmediatez y recompensas sociales),* la recompensa de leerle un cuento jamás la entrega, por lo cual la regla omitida es *efectividad de la recompensa.*

Es importante que reflexione que, al premiar a un niño, es posible que la conducta deseada aumente si los premios son diferentes, a diferencia de cuando se dan siempre los mismos.

Practicando

Anteriormente se le pidió que realizara una lista –junto con su hijo– de las cosas y actividades que más les gustan a él. Los eventos que le son agradables al niño se pueden utilizar como premios para recompensarlo por llevar a cabo conductas deseadas, pero es importante tener claro cuáles de estos pueden ser otorgados a corto, mediano y largo plazo, por lo cual le pedimos que revise los casos anotados en la lista y los agrupe (en la parte de atrás o en otra hoja), según el tiempo que necesitaría complacer su deseo.

Por ejemplo, supongamos que en la lista tiene anotado: *jugar con papá en el parque, recibir dulces, ver televisión, comer helado e ir al cine.* Es probable que pueda permitirle al niño ver la televisión todos los días, comprarle dulces en ocasiones –o tal vez diario–, comprarle un helado una o dos veces a la semana; llevarlo al parque cada quince días y una vez al mes llevarlo al cine. En este orden, lo más conveniente sería trabajar inicialmente con la televisión y usar los dulces como recompensa.

Revisando los avances

En la realización de la primera actividad:

- ¿Tuvo dificultades para identificar alguna de las reglas? ¿Cuál?
- ¿Qué implicaciones tendría el olvidar esa regla, según lo revisado antes?

Durante la realización de la segunda actividad:

- ¿Pudo clasificar las recompensas que puede entregar a corto, mediano y largo plazo?
- De no ser así, ¿qué otras recompensas puede incluir, que agraden mucho a su hijo y no estén aún en la lista y que pueda entregar en ese periodo de tiempo?
- ¿Qué costo tendría el aplicar los reforzadores de corto plazo?
- ¿Existen en los grupos algunas actividades o cosas que impliquen menos gasto que otras?
- ¿Ya hay alguna recompensa que utilice actualmente para premiar alguna conducta de su hijo? ¿Cuál? ¿Cómo le ha funcionado?

Actividad para la semana

Continúe realizando el registro de la conducta que seleccionó.

Tema 3
¿Cómo aumentar las conductas adecuadas en mi hijo?

Propósito

El propósito de esta actividad es que identifique las conductas que debe recompensar; que conozca algunas de las técnicas que puede implementar para hacerlo y que evalúe cuál de las técnicas de aplicación de premios le podría funcionar más para aumentar las conductas deseadas en su hijo.

Si logran aumentar las conductas que representan lo opuesto a la conducta problema –es decir su contraparte–, es posible reducir la inadecuada y mejorar las posibilidades del niño de adaptarse. Existen diferentes maneras de identificar y aumentar las conductas adecuadas:

RECOMPENSANDO CONDUCTAS INCOMPATIBLES O ALTERNATIVAS

Una conducta incompatible sería aquella que no debe mostrarse cuando se da el mal comportamiento. El recompensar la conducta opuesta a la conducta problema hará que ésta disminuya.

Por ejemplo, si un niño golpea cuando no se le da lo que quiere, no se le dará y sólo podrá obtener lo que quiere cuando pida las cosas por favor, cuando acepte tranquilamente el hecho de que no se le dé algo. Si un niño golpea a sus hermanos, sólo se le recompensará cuando los ayude o juegue tranquilamente con ellos.

No siempre es posible o necesario identificar una conducta totalmente opuesta a la no deseada; pueden recompensarse un sinnúmero de conductas positivas que sirvan como alternativas.

En el ejemplo de las peleas entre hermanos, para disminuir este comportamiento se podría recompensar cuando el niño juega tranquilamente con sus hermanos, cuando ve la televisión o ayuda a los otros a realizar un quehacer.

RECOMPENSANDO CONDUCTAS FUNCIONALMENTE IGUALES

Las funciones se refieren a lo que el niño desea conseguir al emitir la conducta problema. Algunos ejemplos son: un niño hace berrinche para obtener un dulce; un niño golpea a sus hermanos para que lo dejen ver su programa de televisión; un bebé puede obtener atención si llora, etcétera.

Se debe entender qué es lo que desea obtener el niño al emitir la conducta indeseable; después, identifique y recompense conductas que sean más adecuadas y que le permitan al niño obtener el mismo objetivo.

Por ejemplo, si un niño hace berrinche porque quiere que le presten atención, se le indicará que sólo cuando no haga berrinche y pida que lo atiendan de manera clara, se le pondrá atención. Si el niño golpea a su hermano para poder cambiar de programa en la televisión, se le demostrará que sólo pidiendo las cosas por favor se verá la posibilidad de cambiar el programa.

ECONOMÍA DE FICHAS

Una de las técnicas más utilizadas para aumentar las conductas positivas es la *economía de fichas*. Esta técnica consiste en dar cierta cantidad de fichas al niño cada vez que emita un comportamiento adecuado. El niño va acumulando puntos que podrá cambiar posteriormente por cosas materiales o por acceso a actividades; así, cuando el niño realiza la conducta deseada, aunque no sea posible entregarle un premio de manera inmediata, se le pueden entregar fichas y elogios.

El niño podrá cambiar después las fichas por la recompensa. No sólo se pueden utilizar fichas, sino también en una hoja se pueden poner caras felices, algún sello o alguna calca divertida que pueda sustituir a las fichas pero con el mismo valor.

Anteriormente se ha realizado una lista de las cosas y actividades que son agradables para su hijo y las ha clasificado con base a las facilidades que tiene para entregarlas; pues bien, ahora asigne una cantidad de puntos a cada evento, y considere utilizar esta técnica sólo para aquellos satisfactores que puede dar a mediano y largo plazo, considerando dar más puntos a las que pueden darse a largo plazo.

Es importante que considere la cantidad de fichas que dará al niño cada vez que realice la conducta deseada pues eso determinará la rapidez con la que él podrá hacer el intercambio; además, debe asegurarse de que aquellas recompensas que ofrece al niño a cambio de su buena actitud, no pueda obtenerlas de otra manera.

Por ejemplo, una mamá que lleva a su hijo a visitar a sus primos todos los domingos y decide utilizar este momento para aplicar la técnica. Ella tendrá que explicar a su hijo que debe obtener 30 fichas para poder ir a esa visita y si, al final de la semana el niño sólo ha obtenido 20 fichas, pero la mamá lo termina llevando con sus primos; o si bien el niño ha juntado las fichas para el jueves y desea ser llevado de visita y la mamá no puede llevarlo, se observa que la mamá no puede hacer de la recompensa un reforzador positivo, dado que el premio que eligió no puede ser otorgado en cuanto el niño complete las fichas.

Además, es una actividad que realiza de manera común; es decir, el niño tendrá acceso a esa actividad sin importar que cumpla o no con la obtención de las 30 fichas.

También se pueden realizar acuerdos con el niño para conceder el premio dentro de un rango de días; por ejemplo, para llevarlo al cine le pide 20 fichas, pero sólo puede cambiar ese premio de jueves a sábado. En este caso es importante que el niño esté de acuerdo y que le haya quedado claro.

La entrega de las fichas debe hacerse siguiendo las reglas de aplicación de reforzadores revisada en el tema anterior y siempre debe ir acompañada de elogios. A continuación se plantea una actividad que le ayudará a poner en práctica lo aprendido.

MATERIALES

- Registro ACC
- Gráfica de conducta
- Hojas blancas
- Hoja con la lista de satisfactores para su hijo

ACTIVIDAD PARA APRENDER
Recompensar una conducta

Tome una hoja en blanco, anote en la parte superior la conducta que ha observado en los últimos días y, en la parte inferior, divida la hoja en tres partes. En la primera parte escriba todas aquellas conductas que el niño realiza y no son problema; igualmente anote las conductas que son incompatibles con la conducta problema, también aquellas que son una posible alternativa a la conducta problema y, finalmente, aquellas conductas que podrían proporcionarle al niño la gratificación que consigue con una mala actitud, pero que no representan un problema.

En el segundo apartado escriba, frente a cada conducta anotada, las veces que el niño muestra esa conducta. Por último, escriba en el tercer apartado, las recompensas a corto plazo que podría entregarle por un buen comportamiento, donde se incluyan las frases y elogios.

Es importante que identifique la mayor cantidad de conductas detectadas para cada uno de los apartados, para mayor claridad en cada esquema de premios. Para facilitar este análisis observe el siguiente ejemplo:

Conducta: El niño ve muchas horas televisión (4 horas consecutivas)		
Conductas incompatibles, alternativas o funcionalmente iguales	**¿Cada cuándo se presenta?**	**Recompensas que podría dar cuando realice esta conducta**
El niño juega una hora con sus hermanos.	Dos veces al día.	¡Qué divertidos se ven, felicidades! Apuesto que se están divirtiendo un montón. Palmear la espalda al niño. Sonreír al niño. Prometer llevarlo a jugar al parque.
El niño lee un libro.	Una vez al día.	Me da gusto que leas. ¡Ese libro se ve muy interesante! ¿De qué trata? Cuando lo termines te llevaré a la librería a comprar otro. Acercarse al niño y besar su mejilla o su frente. Dar un pequeño abrazo. ¡Qué bueno que estás leyendo!
El niño juega con sus primos.	Dos veces a la semana.	¡Me alegra que te diviertas jugando con tus primos! Regalarle algún juguete para el juego en equipo (una pelota, una lotería, un memorama, etcétera) diciéndole que es para que pueda seguir jugando con sus primos. Comprarle una nieve para celebrar que hizo algo divertido diferente de ver la televisión.
Construye algún objeto.	Tres veces a la semana	Felicitarlo por la casita de madera que hizo. Comprarle material para que haga otras cosas o darle material que ya no se utiliza (una blusa vieja, madera de un marco descompuesto, colores, etcétera).

Sale al parque.	Una vez a la semana (los domingos).	Me alegra que salgas a pasear. Convencerlo de ir juntos dos o tres veces a la semana. Jugar con él en el parque. Invitarlo a salir a lugares similares como el campo deportivo, al campo, un jardín botánico, etcétera.
Juega con el perro o lo saca a pasear.	Dos veces a la semana	"Ese perro debe adorarte por sacarlo a pasear" "Me siento orgulloso de que cuidas tan bien a ese animal" Comprarle una correa para el perro.
Acompaña a mamá o papá a la tienda.	Dos veces al día.	Te agradezco mucho que me acompañes. Comprarle alguna golosina. Estoy orgulloso de que me ayudes con las compras. Sí ayuda a cargar las bolsas puede decirle: "cada día eres más fuerte".

Durante la semana puede ampliar la tabla. Mientras más conductas adecuadas identifiquen, más fácil le será trabajar con la conducta problema.

Practicando

Ahora va a planear el uso de *economía de fichas* para aumentar las conductas deseadas que anotó en la tabla. Necesitará asignar a cada beneficio, en la parte tres de la tabla, una cantidad de puntos. Considere que debe asignar más puntos a aquellas recompensas que son más difíciles de otorgar y menos para aquellas que se pueden entregar en corto plazo – aquí no incluya el uso de elogios–.

Al finalizar, guarde la tabla y consérvela para actividades posteriores.

Revisando los avances

Durante la semana identifique cómo castiga o premia a su hijo. Vea los efectos de los premios.

ACTIVIDAD PARA LA SEMANA

Continúe realizando el registro ACC. Puede seguir agregando conductas a la tabla que realizó.

TEMA 4
INICIANDO LOS CAMBIOS

PROPÓSITO

Usted identificará la frecuencia con que se presenta la conducta problema que ha registrado, mediante la realización de una gráfica; así iniciará la entrega de recompensas para aumentar conductas adecuadas en su hijo que ayuden a disminuir dicha conducta problema.

Luego de haber registrado durante tres o cuatro semanas la conducta problema del niño, es posible iniciar la aplicación de técnicas que busquen su modificación, a partir de la implementación de las técnicas seleccionadas. Sin embargo, es importante que continúe registrando la conducta problema, pues le ayudará a identificar si se produjeron cambios en la forma en que el niño muestra la conducta indeseable.

Ahora se presenta una actividad en la cual va a trabajar con la información que ha recabado en el *registro ACC* durante las semanas. La manera de hacerlo se describe brevemente a continuación.

MATERIALES

- Hojas blancas
- Registro ACC
- Tabla realizada en la actividad anterior

ACTIVIDAD PARA APRENDER
Aumentar las conductas positivas de mi hijo

Para saber si las actividades que realice con su hijo producen cambios en la conducta, es necesario conocer cómo se comporta el niño en este momento. Para hacerlo, deberá realizar una gráfica de frecuencia que ayude a identificar si se presentan cambios. Trace una línea vertical y otra horizontal que se unan formando un ángulo recto, cada línea nos servirá como un eje. El eje vertical se usa para indicar el número de veces que la conducta se presentó en la semana (frecuencia), y el eje horizontal lo utilizará para indicar la semana a la cual se refiere la frecuencia. Vea el siguiente ejemplo:

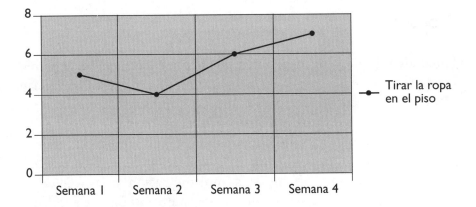

Cuando la gráfica representa la conducta de su hijo, obtiene lo que denominamos *línea base,* eso le permitirá identificar con qué frecuencia se presenta la conducta cada semana y los cambios experimentados al aplicar las recompensas.

Practicando

En la actividad del tema anterior logró identificar algunas de las conductas que pueden sustituir la conducta problema, así como los alicientes que podría utilizar para hacerlo. Además de ello asignó una cantidad en puntos a cada recompensa.

En esta ocasión llevará a cabo la aplicación de la técnica de *economía de fichas.* Para hacerlo es necesario que revise con las personas que ayudan a la crianza de su hijo —ya sea su pareja, abuelos del niño, hermanos mayores, entre otros—, los puntos asignados a cada recompensa; consulte si les parecen adecuados o deben ser modificados y, posteriormente, deberán explicar al niño la técnica e implementarla, no olvidando aplicar las reglas de inmediatez, consistencia, recompensa efectiva y el asociar con elogios la buena conducta.

REVISANDO LOS AVANCES

Durante la semana, ¿tuvo alguna dificultad para recompensar al niño? De ser así, ¿a qué pudo deberse?, ¿qué cambios pueden realizarse para corregir esta situación?, ¿cree necesario cambiar alguna recompensa?, ¿por cuál?

Si lo considera necesario, lea nuevamente la información presentada en los capítulos anteriores y revise la aplicación realizada hasta el momento. Haga las modificaciones pertinentes y continúe con la entrega de satisfactores.

ACTIVIDAD PARA LA SEMANA

Lleve a cabo la aplicación del método de recompensas seleccionado y continúe realizando el llenado del registro ACC.

TEMA 5
¿CÓMO MANEJAR CONDUCTAS INADECUADAS?

PROPÓSITO

El propósito de esta actividad es que conozca algunas técnicas para modificar la conducta problema. Además de ello, identificará y trabajará con el registro de otras circunstancias.

Aun cuando la forma más adecuada de modificar la conducta resulta ser mediante el uso de recompensas, existen situaciones en las cuales también puede emplearse de forma efectiva el uso de sanciones.

Las sanciones que se aplican inmediatamente después de un comportamiento inadecuado se conocen como consecuencias negativas.

Al igual que en la aplicación de las recompensas, la efectividad de la sanción dependerá en gran medida de que su aplicación considere las reglas de *inmediatez, consistencia y efectividad*. Las sanciones o consecuencias negativas nunca deben aplicarse antes de intentar motivar al niño a través de las recompensas. Para evitar que el uso de éstas favorezca problemas graves, se recomienda evitar el uso de frases hirientes; ridiculizar al niño por su conducta –ya sea estando solo o ante otras personas–; obligar al niño a hacer trabajos forzados o ignorarlo por periodos muy largos, por semanas o meses.

Existen varios procedimientos para sancionar el comportamiento inadecuado de su hijo:

DESAPROBACIÓN SOCIAL LEVE

En ocasiones es necesario hacerle saber al niño que la conducta que realiza es inadecuada, comúnmente esto se hace mediante afirmaciones en forma de reprimendas: "deja de acercarte a la estufa", "ve a tu cuarto"; de advertencias: "si golpeas a tu hermano no irás al parque"; de desaprobación: "está mal que tires la ropa en el piso". Y decir no, de manera enérgica, ante una situación que ponga en peligro al niño: "no te acerques a la estufa".

La manera en que se hacen las afirmaciones puede afectar su efectividad, son más atendidas cuando se realizan acompañadas de una mirada directa, de manera cercana al niño y cuando se acompañan con un tono de voz firme y elevado, sin llegar a gritar.

Una de las ventajas de las afirmaciones verbales es que es posible emplearlas fácilmente y en cualquier momento se pueden aprovechar sus efectos para premiar las conductas deseadas, por la ausencia de la conducta problema.

TIEMPO FUERA

El *tiempo fuera* se refiere a quitar todas las cosas gratificantes para el niño y que durante ese tiempo no tenga acceso a las recompensas; por ejemplo, si el niño está en compañía de su hermano viendo la televisión y empieza a golpearle, se le omite asistir por un tiempo a algún lugar donde hay actividades de su agrado. El *tiempo fuera* puede durar desde unos segundos hasta algunos minutos –o una actividad–, sin embargo no se recomienda su uso por periodos largos o quitar demasiadas diversiones, dado que hacerlo puede disminuir su efectividad.

- Para que el *tiempo fuera* no sea contraproducente es preciso tener en cuenta lo siguiente:
- Antes de llevarlo a cabo, es necesario explicar al niño que cuando emita la conducta problema se le dará una señal, ante la cual, si no deja de emitir la conducta inadecuada, se le aplicará *tiempo fuera*. La explicación debe ser breve y clara.
- Se recomienda usarlo sólo en niños de entre dos y 12 años.
- Cuidar que en el lugar donde el niño estará durante el *tiempo fuera* no tenga acceso a nada que sea agradable para él y pueda distraerlo; es decir, en el lugar donde el niño permanezca no debe tener juguetes ni objetos atractivos.
- La liberación del *tiempo fuera* dependerá de las conductas que el niño emita y cuando observemos un cambio positivo en el niño –y éste reconozca su error– se le liberará de la sanción.

La siguiente actividad le ayudará a identificar cómo podría aplicar estas técnicas para la conducta particular de su hijo.

MATERIALES

- Hojas blancas
- Hoja donde se anotaron las conductas alternativas al comportamiento problema
- Lápiz o pluma

ACTIVIDAD PARA APRENDER
Emplear algunas sanciones

Tome una hoja blanca y, en la parte superior, anote una de las conductas inadecuadas que desea modificar en su hijo. Después, divida la hoja en dos partes y en cada una de las divisiones anote una de las técnicas revisadas.

Debajo de cada una de las técnicas escriba –de la manera más detallada posible– todos los ejemplos de cómo podría aplicarla para disminuir la conducta problema que anotó. Es importante mencionar que pueden existir situaciones en las cuales no es posible aplicar los tipos de sanción; por ejemplo, la técnica de *tiempo fuera* para un niño que tira la comida en la mesa, posiblemente no tendrá el efecto de disminuir esa conducta. Sin embargo, es importante que trate de identificar cuáles son las sanciones que sí pueden ser aplicadas para el mal comportamiento, pues esto le dará más opciones para trabajar en su modificación o disminución.

Si lo considera pertinente lea nuevamente cada una de las técnicas mencionadas y utilice la siguiente lista de preguntas guía para facilitarle el llenado del cuadro.

Conducta problema
Desaprobación social breve

- ¿Normalmente utiliza esta sanción?
- En caso de que sea así, ¿Cómo lo hace?, ¿Cómo reacciona su hijo ante las afirmaciones de este tipo?
- ¿Qué tanto se apega a las indicaciones mencionadas para su aplicación?
- ¿Considera necesario realizar modificaciones en su aplicación? ¿Cuáles?
- ¿En qué conductas podría aplicar este tipo de sanción? ¿La conducta que anotó es una de ellas?
- ¿Qué puede hacer sí la conducta problema se presenta en una situación donde estén otras personas?
- ¿Qué le diría? Anote todas las frases recordando que se busca evidenciar al niño la desaprobación de la conducta, pero no por ello se rechaza al niño; es decir, las afirmaciones deben especificar sólo la conducta desaprobada.

PRACTICANDO

En el cuadro que realizó, compare las dos formas de sanción e identifique cuál tiene más ventajas respecto a la otra.

En base a esa misma conducta problema, analice por escrito cómo podría *Recompensar conductas incompatibles o alternas;* y *Recompensar conductas funcionalmente iguales,* aplicando la técnica de *Economía de fichas.* Puede hacerlo basándose en las preguntas que se propusieron para esa actividad.

Por ahora, guarde la tabla del uso de aplicación de sanciones y el escrito sobre posibles conductas a recompensar en el niño porque más adelante trabajará con ellas.

REVISANDO LOS AVANCES

Es fundamental plantear de la manera clara y consistente la forma en la que cada técnica será aplicada, para así aumentar las posibilidades de éxito que tendrá al momento de su puesta en acción. Revise que los ejemplos que ha anotado –de las diferentes formas en que podría aplicar estas técnicas para modificar la conducta problema–, cubran los siguientes requisitos de aplicación:

- ¿Quién o quiénes lo aplicarán?
- ¿Qué explicación dará al niño sobre esta técnica y su aplicación? ¿El niño entenderá dicha explicación? Para esto hay que pedirle que le diga lo que ha entendido de la técnica y aclararle aquellos puntos que no parezcan haber quedado claros, tratando de exponerlos de manera sencilla.
- ¿Dónde lo podría aplicar?
- ¿Será necesario hacer algo con el niño para llevar a cabo la sanción? Como pudiera ser moverlo al lugar destinado para aplicar *tiempo fuera,* pedirle atención, dirigir su mirada a la de usted, sacarlo del lugar donde se encuentra, etcétera.
- ¿Será indispensable que usted haga algo al momento de aplicarla? Piense si tendría que desplazarse hasta donde se encuentre el niño; mantener el tono de voz alto y claro; mantener la mirada fija en el rostro de su hijo, retirar al niño del lugar donde está efectuando la conducta problema, etcétera.

Si los ejemplos que planteó no incluyen alguno de estos puntos, revise qué es lo que le falta agregar y anótelo para que quede completo.

ACTIVIDAD PARA LA SEMANA

Durante la semana continúe con el registro ACC y agregue la segunda conducta que ha seleccionado para ser modificada. No olvide que la aplicación de las recompensas a la conducta que está trabajando debe continuar haciéndose, cuidando de aplicar las reglas.

TEMA 6
CONTINUANDO CON LOS CAMBIOS

PROPÓSITO

El propósito de esta actividad es que conozca otras técnicas que se pueden emplear para reducir las conductas inadecuadas en su hijo y pueda analizar cómo aplicarlas hacia una conducta específica.

Anteriormente se mencionaron algunas maneras de sanción que puede emplear para disminuir conductas problemas. Ahora se presentarán dos técnicas más; aunque cabe mencionar que estas técnicas no son las únicas; existen una infinidad de formas de sanción, pero éstas son las que se considera que pueden dar mejores resultados para el cambio de comportamiento y tienen menos repercusiones negativas para el niño; además, se recomienda que sean aplicadas a la par del uso de recompensas con el fin de que el niño no sólo reciba algo negativo de algunas de sus conductas, sino que también pueda ser premiado por otras.

A continuación se describen brevemente otros métodos de aplicación de sanciones:

COSTO DE RESPUESTA

Cuando se está trabajando con recompensas, es posible informar al niño que al realizar la conducta indeseable se le penalizará con la pérdida parcial o total de una recompensa.

El costo de respuesta puede aplicarse fácilmente a la par de la técnica de *Economía de fichas;* así, cuando el niño realice algún comportamiento inadecuado, se le restará una cantidad de fichas, lo que le obligará a esforzarse más por conseguir su recompensa.

Al aplicar esta sanción deberá cuidar lo siguiente:

- Asegurarse de que la recompensa que retirará sea realmente importante para el niño.
- El niño debe conocer perfectamente qué es lo que debe dejar de hacer y tener en claro su comportamiento problema.
- El niño debe saber de antemano cuántos puntos perderá al emitir la conducta problema.
- Es necesario saber la cantidad de puntos que el niño tiene y es conveniente informar constantemente al niño de lo ganado y lo perdido. Se sugiere hacerlo diario, al final del día o por la mañana y por la tarde.
- Es probable que el niño intente evitar la pérdida de los puntos reaccionando con llanto, discusión, pidiendo perdón; sin embargo, se debe ignorar cualquier reacción que el niño tenga a causa de la pérdida de recompensas.
- Cuide que el niño no se quede sin ningún premio hasta el punto que no tenga nada que perder pues si esto sucede, es probable que el niño pierda el interés por presentar conductas adecuadas.

SOBRECORRECCIÓN

Una conducta problema se considera como tal, pues el niño genera consecuencias que afectan tanto a su persona como a la de otros; la *sobrecorrección* es una técnica que favorece a que el niño corrija los efectos producidos por su conducta. Esta técnica tiene como fin, no sólo corregir, sino facilitar que el niño asuma la responsabilidad de su conducta.

Para aplicar esta técnica es imprescindible que identifique qué conducta provoca problemas en el entorno. La *sobrecorrección* puede llevarse a cabo de dos maneras:

- La primera consiste en pedir al niño que corrija los efectos desagradables que su conducta le produjo al ambiente; por ejemplo, si un niño tira la comida en la mesa se le pedirá que limpie y recoja todo lo que tiró. Debe considerar que el niño pueda realizar la actividad solicitada, de acuerdo a su edad y habilidades.

- La segunda consiste en pedir al niño que practique repetitivamente el comportamiento adecuado; en el ejemplo anterior el niño practicará cómo servir correctamente sus alimentos hasta que ya no tenga errores o éstos sean mínimos.

La aplicación de cualquiera de estos componentes puede realizarse mediante instrucciones y, en caso de que no sean suficientes para inducir al niño a poner en práctica el comportamiento debido, se puede utilizar ayuda física amable, pero firme.

Con el fin de que esta técnica sea lo más efectiva posible, debe considerarse lo siguiente:

- Las reparaciones que pida que efectúe el niño deben corregir los efectos ocasionados directamente por la conducta problema; por ejemplo, no pedirá al niño que recoja los juguetes si lo que ha hecho es golpear a su hermano.
- Debe suministrarse inmediatamente. Si por alguna razón ha dejado pasar algunos minutos u horas desde el momento en que su hijo realizó la conducta inadecuada, ya no deberá aplicar *sobrecorrección*.
- Cuando el niño esté realizando la *sobrecorrección*, los papás deben impedir que tenga acceso a cosas que le agraden ni se le prestará demasiada atención.
- La duración debe ser moderada: al principio puede tener una duración de tres o cuatro minutos, tiempo que se puede aumentar no excediendo de diez minutos.
- Es posible que su aplicación produzca algunas respuestas desagradables por parte de su hijo: protestas, posibles agresiones, berrinches, etcétera. Usted debe estar preparado para soportar esto y no reaccionar de manera inadecuada ni interrumpir la sanción.

A continuación se plantean algunas actividades en las que podrá poner en práctica las técnicas presentadas.

MATERIALES

- Hojas blancas

- Lápiz o pluma
- Cuadro comparativo de las técnicas de sanción realizadas en la actividad anterior
- Hoja donde se anotaron las conductas alternativas al comportamiento problema del tema anterior

ACTIVIDAD PARA APRENDER
Emplear otras sanciones eficazmente

Tome una hoja en blanco y en la parte superior anote la conducta que seleccionó para ser modificada; después divida la hoja en dos partes. En cada una de las divisiones anote una de las dos técnicas revisadas en este tema.

Debajo de cada uno de los métodos de sanción escriba de la manera más detallada posible todos los ejemplos de cómo podría aplicar esa técnica para disminuir la conducta problema. Recuerde que mientras más claro y detallado sea en sus descripciones, más fácilmente podrá llevarlas a cabo; de igual forma, mientras más opciones agregue, más posibilidades habrá para modificar la conducta problema.

Utilice la siguiente lista de preguntas guía para facilitarle el llenado del cuadro.

Conducta problema

Costo de respuesta

- ¿Cómo explicaría al niño la aplicación de esta técnica?
- ¿Cuáles son o serían las recompensas más importantes para el niño?
- ¿Cómo podría asegurarse de no eliminar todas las recompensas que da al niño al utilizar esta técnica?
- ¿En qué momento del día informaría al niño de lo ganado y lo perdido hasta el momento?

PRACTICANDO

En el cuadro que realizó, compare las dos formas de sanción e identifique cuál tiene más ventajas respecto a la otra.

En el tema anterior realizó un cuadro similar que contenía otras dos técnicas. Compare las diferentes formas en que puede ser aplicada cada una; cuál podría ser más efectiva y que implicaciones conlleva. Trate de hacerlo por escrito, para facilitar el recordar dichas ventajas y desventajas, de forma más rápida, para cuando sea necesario aplicarlas.

Al finalizar, guarde las tablas realizadas pues más adelante trabajará con ellas.

Revisando los avances

Plantear de manera clara y detallada la forma en la que cada técnica será aplicada es fundamental para aumentar las posibilidades de éxito que tendrán al momento de ponerlas en práctica. Revise que los ejemplos que ha anotado de las técnicas *costo de respuesta* y *sobrecorrección*, cumplen con los siguientes requisitos de aplicación:

- ¿Quién o quiénes lo aplicarán?
- ¿Qué explicación dará al niño sobre esta técnica y su aplicación?
- ¿El niño entenderá dicha explicación? Pida que le diga lo que ha entendido de la técnica y aclare todos los puntos de manera sencilla.
- ¿Dónde lo aplicaría?
- ¿Cómo lo aplicaría?

Sí los ejemplos que planteó no cubren con alguno de estos puntos, revise qué es lo que le falta agregar y anótelo para que quede completo.

Actividad para la semana

Durante la semana continúe con el registro ACC de las dos conductas. No olvide que la aplicación de las recompensas a la conducta uno, debe continuar haciéndose y cumpliendo adecuadamente las reglas.

Tema 7
¿Cómo vamos?

Propósito

El propósito de esta actividad es evaluar la efectividad que ha tenido la técnica de modificación que se implementó para la primera conducta. Y lograr evaluar la mejor manera de trabajar con la modificación de la segunda conducta que seleccionó.

A lo largo de las actividades se ha buscado que conozca y aplique diferentes métodos para favorecer conductas positivas en su hijo y disminuir las conductas problema; sin embargo, resulta importante valorar si las actividades que ha llevado a cabo han producido la conducta deseada del niño.

La correspondencia en el aumento o la disminución de las conductas deseadas indica que el objetivo se ha alcanzado; sin embargo, este cambio debe continuar propiciado por las recompensas sólo por un periodo de tiempo; es decir, en la medida en que el niño va aprendiendo a presentar el comportamiento adecuado en las situaciones específicas que ha considerado que favorecerán a su desarrollo, es necesario comenzar a eliminar la gratificación de forma gradual, manteniendo sólo las sociales como los elogios, abrazos, frases de aprobación, caricias, etcétera.

A continuación se presentarán algunas actividades que le permitirán verificar que las técnicas aplicadas hasta el momento reflejan cambios en el comportamiento del niño, así como la implementación de otras técnicas para abordar la modificación de la segunda conducta problema que ha seleccionado para ser modificada.

Materiales

- Hojas de registro ACC
- Hoja de gráfica de la conducta uno
- Cuadros comparativos de *cómo aplicar sanciones,* realizados para ser aplicados a la conducta dos
- Hoja de análisis sobre cómo aplicar las técnicas de recompensas en el caso de la conducta dos

- Hojas blancas
- Lápiz o pluma

ACTIVIDAD PARA APRENDER
Revisando los avances de las conductas positivas de mi hijo

REVISIÓN DE LOS CAMBIOS EN LA CONDUCTA UNO

Tome la hoja de gráfica de la conducta uno. Marque una línea que divida el área donde registró la conducta uno hasta antes de aplicar las técnicas de modificación seleccionada, del área donde se registre la conducta después de iniciar con la aplicación de la técnica de recompensas.

Revise si existen diferencias en la frecuencia o forma en la cual el niño se ha comportado a partir de la aplicación de las recompensas; guíese por las siguientes preguntas:

- ¿Aumentó o disminuyó la cantidad de veces que su hijo presentó esa conducta?
- ¿Qué tanto respetó la aplicación de la técnica?
- ¿Cumplió con las reglas de aplicación en todas las ocasiones?
- ¿Qué tan atractivas fueron las recompensas para su hijo?

En caso de que detecte que las recompensas aplicadas no produjeron el efecto esperado, modifique la manera en que está recompensado. Por ejemplo, disminuya la cantidad de puntos necesarios para cada actividad o agregue más actividades; y continúe recompensando.

SELECCIONANDO LAS TÉCNICAS PARA MODIFICAR LA CONDUCTA DOS

Lo que hará ahora será identificar cómo aplicar la *economía de fichas* y una de las técnicas para sancionar a la conducta dos. Para eso, primero debe hacer la graficación de la conducta dos, de acuerdo ala actividad realizada en el TEMA 2 de este capítulo.

PRACTICANDO

Para elegir la técnica a implementar, considere lo siguiente:

Usted ha realizado tablas en las cuales puede comparar cuál de las opciones tiene más ejemplos; además, revisó cuál de ellas plantea de manera más clara los ejemplos.

- ¿Cuál es la conducta inadecuada que desea disminuir?
- ¿Cuál sería la conducta o conductas que sustituirían a la conducta problema?
- ¿Cuánto tiempo me llevará aplicar las recompensas y sanciones, en cada una de las técnicas?
- ¿Cuáles de las técnicas serían más fáciles de aplicar con mi hijo?

REVISANDO LOS AVANCES

Después de responder a las preguntas, seleccione la técnica de aplicación de recompensas que pueda implementarse de mejor manera y la técnica de aplicación de sanciones que puede ser más eficaz para aplicar en la conducta inadecuada y, a partir de esta semana, aplíquelas.

ACTIVIDAD PARA LA SEMANA

Continúe realizando el registro de las dos conductas y la aplicación de las técnicas de recompensas y sanciones correspondientes a cada una de las conductas problema.

TEMA 8
REGLAS Y LÍMITES: ¿CÓMO VA TODO EN CASA?

PROPÓSITO

Usted conocerá la importancia del establecimiento de reglas en el hogar, así como la manera más efectiva para asegurar que éstas se cumplan adecuadamente.

Las reglas familiares son acuerdos que se establecen entre los miembros de la familia. La finalidad de las reglas es que colaboren entre ellos y participen en la realización de las diferentes actividades del hogar. También pueden establecerse reglas cuando la relación entre ellos es conflictiva; en este caso, las reglas sirven para aclarar cómo se espera que convivan.

Para establecer las reglas se debe tener claro cuál es el comportamiento inadecuado que se está presentando y cuáles serían las conductas deseadas. Una vez identificado cuál es el comportamiento deseado, se aclara en la familia cuál va a ser la regla, de la manera más precisa posible.

En el caso de los niños, cuando se establece una nueva regla en casa, es necesario que sea mencionada de manera afirmativa, haciendo énfasis en la conducta que desea que se realice; es decir, la nueva regla debe decirle al niño qué es lo que debe hacer y no lo que está haciendo inadecuadamente; por ejemplo: "arreglar la cama luego de levantarse", "levantar los platos después de haberlos utilizado", "llevar la ropa sucia al cesto destinado para ello", entre otros.

Las reglas deben ser elaboradas dentro de las posibilidades del niño. Cuando la regla implica que el niño haga algo muy difícil, es poco probable que la cumpla; además, las reglas deben ser respetadas en su totalidad por los padres, principalmente las nuevas, ya que los hijos repiten lo que ven; por lo tanto, es importante que noten que sus padres sí respetan las reglas.

Se debe vigilar que las reglas sean cumplidas por el niño, premiarlo cuando ocurra y proporcionando una consecuencia negativa cuando no lo haga; esto facilitará que él asocie el cumplimiento de la regla con la obtención de algo agradable y la desobediencia de la regla con la obtención de algo desagradable.

La siguiente actividad le ayudará a plantear y establecer reglas en casa que mejoren la relación entre los miembros de la familia y la forma en que se organizan.

MATERIALES

- Hojas blancas
- Lápiz o pluma
- Cartulina y plumón

Actividad para aprender
Optimizar las reglas en casa

Anote en una hoja cuáles reglas son necesarias para que los miembros de su familia colaboren con las labores de casa. Señale cuáles se cumplen la mayoría de las veces.

Anote en otra de las hojas blancas cuáles son las reglas que existen en casa.

Revise que todas las reglas estén escritas de manera afirmativa, es decir, que la regla explique *lo que se debe hacer* y no *lo que no se debe hacer*. En caso de que alguna no esté escrita así, redáctela nuevamente.

Compare la última de las hojas con las dos primeras e identifique si hay reglas que faltan de establecer. Es importante que las reglas que ha escrito tengan la finalidad de favorecer la cooperación y convivencia de los miembros de la familia.

Practicando

En esta actividad deberá anotar en la cartulina las reglas que considera que pueden aplicarse en casa y que aún no se aplican; y las reglas que no son respetadas adecuadamente en casa.

Deberá anotar las normas de manera clara y, estando toda la familia, deberá presentar y explicar esta lista, mencionando brevemente para qué servirán, así como las recompensas y sanciones que se obtendrán si se cumplen o no cada una ellas. Coloque la cartulina en un lugar visible durante algunas semanas, hasta que considere que las reglas escritas son aplicadas de manera constante y adecuada en su familia.

Revisando los avances

Con el fin de que pueda evaluar su desempeño al realizar esta actividad, analice lo siguiente:

- ¿Tuvo dificultades para presentar las reglas? ¿Cuáles? ¿Cómo podría evitar esas dificultades la próxima vez?

- ¿Alguien tuvo dudas de su explicación? ¿Qué hizo para disiparlas?
- ¿Cómo ha recompensado el cumplimiento de las reglas?

ACTIVIDAD PARA LA SEMANA

Continúe con el registro ACC, así como con la aplicación de las técnicas para modificar las dos conductas seleccionadas.

TEMA 9
¿QUÉ CON LOS CAMBIOS?

PROPÓSITO

Que los padres aprendan cómo mejorar la relación con su hijo mediante la realización de un *contrato conductual*. El niño conocerá la importancia de realizarlo y aplicarlo en casa.

Usted identifica las conductas que son inapropiadas para el desarrollo de su hijo porque le dificultan interactuar con los otros. Por ejemplo, es tímido, no se atreve a participar con sus compañeros; tiene dificultades para aprender a jugar algún deporte.

Pueden ser acciones que le producen problemas con otros individuos, porque lastima físicamente, realiza berrinches, ofende verbalmente; o son situaciones que propician que el niño se haga daño, como no utilizar el cinturón de seguridad o jugar en lugares peligrosos. Cuando ha identificado estas conductas, es posible realizar cambios en ellas mediante acuerdos.

El *contrato conductual* es un convenio escrito donde las partes acuerdan qué conductas se modificarán y los beneficios que, en este caso, su hijo obtendrá al acceder a modificarlas, así como las consecuencias negativas que sufrirá si las realiza; es decir, si no cumple con su parte del contrato.

Las personas involucradas son las que desean que el comportamiento cambie –padres, maestros, hermanos, familiares– y aquel cuya conducta se desea modificar. Realizar un contrato con su hijo implica llegar a un acuerdo de las demandas de ambos, teniendo como principal objetivo que una conducta inadecuada cambie.

Los *contratos conductuales* deben contener al menos los siguientes elementos:

1. **Se debe detallar lo que cada una de las partes desea obtener de la otra.** Por ejemplo, los padres quieren que su hijo realice ciertos quehaceres como que arregle su cama, barra el patio los jueves, lave su plato después de comer, etcétera; mientras que el niño desea que se le dé permiso dos veces a la semana para ir a jugar con sus primos o más tiempo para ver la televisión al día

2. **Las conductas del niño que se negocien en el contrato deben observarse con facilidad.** Los comportamientos que se agreguen deben ser fácilmente observables; ejemplo, si el niño promete que no le pegará a sus compañeros de clase o no tomará cosas de sus amigas sin pedírselas prestadas.

3. **Los padres deben asegurar el cumplimiento del contrato.** Si acuerdan que el niño hará la tarea a una determinada hora; que sólo verá tres horas diarias de televisión; que practicará inglés al menos una hora diaria, es muy probable que el padre pueda asegurarse del cumplimiento de dichas conductas, pues éstas pueden ser observadas con facilidad por él u otro miembro de la familia.

4. **Los *contratos conductuales* proporcionan sanciones por el incumplimiento de sus términos.** Las consecuencias deben estar planeadas por adelantado y acordadas por ambas partes. Nunca se deben aplicar consecuencias negativas que no se hayan acordado.

5. **Los *contratos conductuales* pueden otorgar un punto de bono adicional.** Los bonos o recompensas adicionales, se pueden utilizar para incrementar la consistencia del buen comportamiento; por ejemplo, si un niño aparte de hacer el aseo de su cuarto –especificado en el contrato–, saca la basura, ayuda en la cocina o ayuda con el aseo de la sala, aunque sean actividades que no están en el contrato, le pueden dar una recompensa adicional. Recuerde que puede ser un elogio, permitirle hacer algo que le gusta o jugar con él como recompensa, entre otras.

6. **Los *contratos conductuales* nos ayudan a supervisar los resultados de las recompensas que se han entregado.** Los contratos nos

informan constantemente cómo se está comportando el niño, además, se le pueden hacer comentarios al niño de su buen desempeño y, según el tipo de recompensas empleadas, se puede saber si están siendo efectivas.

7. **Los contratos permiten que los niños identifiquen y expresen libremente las conductas a cambiar así como las consecuencias a esperar.** Cuando se está elaborando un contrato es importante que se le permita reflexionar al niño cuáles de sus comportamientos son inadecuados para su desarrollo y la convivencia con los miembros de la familia; además, debe permitirle al niño que sugiera algunas de las sanciones que obtendrá debido a comportamientos inadecuados. Esto es importante porque se ha observado que cuando las personas determinan sus comportamientos inadecuados, las propuestas de cambio y las sanciones, es más probable que cumplan y mantengan los cambios de conducta necesarios.

Las siguientes actividades están planteadas para que los padres puedan realizar un *contrato conductual* con su hijo.

MATERIALES

- Hojas blancas
- Lápiz y papel
- Hoja donde anotó las conductas que considera pertinentes que el niño cambie y las actitudes que debe desarrollar

ACTIVIDAD PARA APRENDER
Realizar acuerdos por escrito

De los comportamientos que tiene anotados en la hoja –los que usted desea que su hijo presente–, identifique cuáles puede supervisar y observar. Anótelos en una hoja o márquelos donde ya estén agregados.

Tome una hoja de papel y realice un *contrato conductual*, dejando en blanco el espacio donde escribirá las conductas que su hijo debe realizar y las recompensas que recibirá a cambio. Reúnase con su hijo y las personas involucradas y explique de manera clara y breve lo que es el contrato conductual y lo que desean negociar con su hijo para llevarlo a cabo.

Pregunte a su hijo lo que desea recibir a cambio de realizar las conductas que usted propone y lleguen a acuerdos.

Si existe alguna actitud en la cual no lleguen a un acuerdo es recomendable que no lo incluya en el contrato, pues es poco probable que se cumpla bajo esas circunstancias. Algunas de estas conductas pueden utilizarse para la obtención de bonos extra, por lo cual pueden agregarse como un apartado diferente con una recompensa de más. A continuación se presenta un ejemplo de cómo puede hacer un *contrato conductual*.

Fecha: **09/03/12**
Nombre y firma de los interesados:
Papá: **Carlos** _____
Mamá: **Ana** _____
Hijo: **Laura** _____

Yo, Laura, me comprometo a:
- Ver televisión sólo dos veces al día antes de las 10 de la noche.
- Lavarme los dientes antes de las 7 de la mañana para ir a la escuela.
- Mantenerme callada y comer siempre, aunque mi mamá haga alguna comida que no me agrade.
- Cambiar el pañal a mi hermano dos veces al día.

Si Laura hace lo pactado, al final de la semana, nosotros, Ana y Carlos, nos comprometemos a:
- Llevarla al cine al final del mes.
- Comprarle el disco de *Tokio Hotel* después de dos meses consecutivo que cumpla con el trato.
- Darle permiso de salir a jugar con las vecinas de dos a cuatro veces a la semana.
- En caso de que una de las dos partes no cumpla con lo mencionado, se quedará sin ver televisión todo el día y deberá comprar un postre a la otra parte.

El presente contrato tiene vigencia hasta de dos meses; es decir, sólo será válido hasta el **09/05/12**.

_____   _____
Testigo uno   Testigo dos

BONO: Si Laura saca la basura al menos tres veces a la semana, se le comprará una golosina en la dulcería del cine.

PRACTICANDO

A partir de que ha realizado y firmado el contrato con su hijo, asegúrese de supervisar que se cumplan los términos acordados, entregando las recompensas al niño cuando así sea y la consecuencia negativa en caso de que no se cumpla alguno de sus términos.

En caso de que detecte que algunos de los puntos planteados en el contrato generan problemas, puede modificarlo junto con el niño o, cuando el tiempo de vigencia del contrato termine, hacer otro considerando los problemas que tuvo.

Recuerde: Los contratos son flexibles y pueden ser modificados cuando ambas partes así lo acuerden.

REVISANDO LOS AVANCES

Después de aplicar el contrato reflexione lo siguiente:

- ¿Qué beneficios ha obtenido de ello?
- ¿Hubo alguna conducta en la cual tuviera mayores dificultades para negociar con su hijo?
- ¿Tuvo dificultades por las peticiones que su hijo realizó para acceder al contrato?
¿Alguna conducta no pudo ser negociada?, ¿cuál?, ¿qué puede hacer con dicha conducta?
- ¿Usted ha cumplido adecuadamente el contrato?
- ¿Produjo los resultados que esperaba?, ¿cómo?
- ¿Podría mejorarse?, ¿cómo?

ACTIVIDAD PARA LA SEMANA

Continúe realizando el registro ACC y la aplicación de las técnicas para modificar las conductas que está registrando. También deberá supervisar el seguimiento de las reglas implementadas y asegúrese de cumplir con su parte en el contrato conductual. Recuerde platicar con su hijo respecto a cómo está cumpliendo con el contrato conductual.

Tema 10
Revisando los logros obtenidos

Propósito

El propósito de esta actividad es que revise el impacto que han tenido las actividades realizadas a lo largo de este capítulo sobre las conductas de su hijo.

Cuando observamos las actividades que el niño realiza, supervisando cómo es que el niño se involucra en ellas, estamos monitoreando.

El monitoreo es una habilidad que los padres deben poner en práctica durante el desarrollo de su hijo. Cuando este monitoreo se realiza de manera adecuada es posible conocer cómo se inicia la conducta problema, se mantiene y se desarrolla.

El monitoreo tiene dos implicaciones importantes: a) el padre supervisa y conoce las actividades que el niño realiza; y b) el niño sabe que su padre está interesado en las cosas que él hace.

Probablemente ningún padre podrá estar todo el tiempo pendiente de las actividades de su hijo; pero es importante que le otorguen al menos unos minutos diarios a la convivencia con su hijo, pues hacerlo favorece la relación.

En el cambio de la conducta, el monitoreo sirve al padre para identificar los comportamientos que deben ser reforzados y aquellos que pueden ser sancionados, así como para supervisar los efectos de las técnicas implementadas. Sin embargo, el activar las técnicas de recompensas y sanciones resulta complicado y costoso, por lo cual es necesario que en algún momento la aplicación de recompensas y sanciones disminuya y luego termine, sin que esto implique que el niño vuelva a presentar las *conductas problema* que ya han sido disminuidas.

No existe un periodo de tiempo determinado en el cual sea posible afirmar que *puede suspenderse la entrega de reforzadores y la aplicación de sanciones al niño,* ya que eso dependerá de la evolución que tenga la conducta del menor durante la aplicación de las técnicas de recompensa y sanciones. Sin embargo, la recompensa social siempre debe acompañar el comportamiento adecuado del niño, aunque puede realizarse de manera esporádica y no en todas las ocasiones en que el comportamiento adecuado se presente.

Cuando su hijo ha reducido drásticamente la conducta problema que usted seleccionó, en varias semanas consecutivas –al menos cinco–, es posible comenzar a disminuir el empleo de las recompensas y sanciones. Para corroborar esto puede hacer uso de la gráfica realizada, agregando el registro de todas las semanas en las que ha aplicado las técnicas de recompensas y sanciones.

A continuación se plantean algunas sugerencias sobre cómo puede realizar la disminución de la aplicación de recompensas y sanciones, de acuerdo a las técnicas planteadas en este capítulo.

- Cuando se aplica la técnica de *economía de fichas,* se recomienda aumentar paulatinamente la cantidad que el niño debe adquirir para obtener el premio que desea. Puede aumentarse la cantidad de fichas o el tiempo que transcurre para la entrega del premio.
- Si la conducta se mantiene después de algunas dos o tres semanas, aun con el aumento de las fichas, puede hacer un segundo aumento. Si después de esto el niño sigue presentando la conducta por dos o tres semanas después, se recomienda eliminar algunos de los premios y días después aclarar con el niño el fin de la aplicación de la técnica. Para hacerlo, se le puede explicar al niño lo siguiente: "Cómo veo que cumpliste muy bien con el reto, has logrado pasar al nivel dos. En este nivel necesitas más fichas para obtener tus premios, pero sé que eres muy bueno en esto y podrás juntar los puntos necesarios. Yo creo que lograrás pasar al siguiente nivel muy pronto".
- Se explica cada disminución de la cantidad de recompensas como otro nivel. Por ejemplo: "A partir de ahora pasaste a otro nivel, en el que habrá menos recompensas y el costo en fichas será un poco mayor, pero lo estás haciendo tan bien que no dudo que pronto lograrás superarlo". Es importante que el niño esté enterado que los premios pueden ser obtenidos si continúa con las conductas por la que se le daban las fichas, sólo que de manera fluctuante; además, es importante que siga haciendo evidente al niño la aprobación de la conducta, ya no en todas las ocasiones, pero sí de manera constante.
- El mantenimiento de las conductas deseadas en el niño se deberá a los beneficios que él obtiene de manera natural –aparte de la recom-

pensa o sanción que se le entrega–; por ejemplo, la niña que coloca la ropa en el cesto en lugar de tirarla en el piso, puede ser recompensada por esto como una técnica y, de manera natural, obtendrá eliminar las discusiones con su mamá. Otro claro ejemplo es un niño que golpea a sus hermanos, sí lo recompensa por jugar con ellos, por permanecer cerca de ellos, realizar actividades cooperativas con ellos, todo lo anterior sin golpearlos, por supuesto que el niño disminuirá la conducta de golpear para conseguir la recompensa y, de manera natural, el estar con sus hermanos divirtiéndose y jugando durante periodos largos, servirá de reforzador para dejar de golpearlos y querer sólo jugar con ellos.

A continuación se plantean algunas actividades que le servirán para eliminar poco a poco la entrega de los premios materiales que da a su hijo, así como algunas estrategias para evitar que la conducta problema vuelva a presentarse y se continúen manteniendo las conductas deseadas.

MATERIALES

- Hojas de registro ACC de las conductas uno y dos
- Hoja de graficación de las conductas uno y dos
- Hojas blancas
- Lápiz o pluma

ACTIVIDAD PARA APRENDER
Revisar logros y objetivos pendientes

El representar de manera gráfica las conductas le permitirá identificar y comparar, de manera más rápida y sencilla, cuántas veces se presenta la conducta y si existen modificaciones después de que inició la aplicación de técnicas.

Realice por separado el llenado de la gráfica de las conductas uno y dos, agregando sólo la cantidad de veces que se presentó la conducta en cada una de las semanas que aún no había registrado.

Analice lo siguiente:

- Antes de que iniciara la modificación, ¿en promedio cuántas veces se presentaba la conducta en una semana, antes de que comenzara a entregar recompensas (conductas 1 y 2) y sanciones (conducta 2)?
- En las últimas tres semanas, ¿en promedio cuántas veces se presenta la conducta problema a la semana?
- ¿Ha disminuido la conducta problema, en relación al inicio y las últimas tres semanas? ¿Cuánto?
- ¿Cuál de las dos conductas disminuyó más?
- ¿Alguna de las conductas se ha mantenido disminuida? ¿Cuál?

Valore los cambios obtenidos en cada caso, así como las facilidades o dificultades que se presentaron durante la aplicación para seleccionar cuál de las dos formas aplicar: si sólo recompensas o aplicar recompensas y sanciones; ¿cuál le funcionó mejor para aumentar las conductas deseadas en su hijo y disminuir las no deseadas? Téngalo presente para trabajar con ese método otras conductas que considere necesario modificar.

En caso de que no haya ninguna diferencia en la frecuencia y manera como se presentaba la conducta problema al inicio y cómo se presenta actualmente, probablemente sea necesario revalorar la aplicación de los reforzadores o las sanciones; sería conveniente que revisara nuevamente el procedimiento empleado y realizara cambios necesarios.

PRACTICANDO

Para facilitarle la reducción de los reforzadores (premios y sanciones), a continuación se presentará una actividad que le ayudará a planear y organizar la manera en que lo hará. Recuerde que mientras más detallado sea en cada apartado, mayor será la facilidad con que pueda llevarlo a cabo. Considere la información y sugerencias proporcionadas a lo largo de este tema.

Utilice la siguiente tabla para planear cómo entregar los reforzadores y las sanciones durante las próximas semanas.

¿Qué diré al niño para explicar el cambio?	
¿Qué diré al niño para explicar el cambio?	
¿Qué diré al niño para explicar el cambio?	

¿QUÉ PUEDE HACER SI EL NIÑO COMIENZA A COMPORTARSE COMO ANTES?

RECOMENDACIONES

- Mientras más grande es un niño, más rápido puede eliminar los reforzadores materiales y de acceso a actividades; y, mientras más pequeño es el niño, se recomienda que los reforzadores se disminuyan en periodos más largos y en cantidades más pequeñas.
- Cuando la conducta no deseada vuelve a presentarse al eliminar las recompensas y sanciones, puede indicar que la conducta del niño aún depende de ellos para realizar la conducta deseada, y debe continuar reforzándolo como al inicio durante un poco más de tiempo, disminuyendo de manera más ligera la entrega del reforzador.
- Puede ayudar a que el niño reconozca los reforzadores naturales con frases como: "¿Te das cuenta de que a partir de que haces *mencionar sólo la conducta deseada* tú y tus hermanos *mencione las consecuencias positivas?*" "¿Ahora que haces mencione la conducta deseada tu cuarto luce más limpio?", "¡Estoy orgulloso de que mencione la conducta deseada que el niño ha aumentado!".
- Aun cuando reduzca las recompensas materiales y de acceso a actividades, continúe elogiando al niño cuando realice la conducta deseada y otórguele importancia a las otras conductas que hace de manera adecuada; es decir, a las conductas que desde antes de iniciar con las actividades del Manual el niño realiza de manera adecuada y resultan ser de su agrado y los otros.

REVISANDO LOS AVANCES

Para este momento usted trabajó con la modificación de dos conductas, clarificó algunas de las reglas en el hogar y realizó otras nuevas; además, realizó un contrato conductual con su hijo para aumentar algunas conductas adecuadas.

Al inicio del capítulo se le pidió que realizara una lista de las conductas que consideraba conveniente modificar en el menor, tome la hoja con dicha lista e identifique lo siguiente:

- ¿Cuántas y cuáles de las conductas de la lista abordó a lo largo de este capítulo?
- ¿Las modificaciones que tuvo su hijo son las que esperaba?
- ¿Podría abordar la modificación de las conductas que no han sido intervenidas? ¿Cómo?

ACTIVIDADES PARA LAS PRÓXIMAS SEMANAS

Continúe realizando el registro de la conducta uno y dos; en cuanto identifique que las conductas problema han disminuido de manera constante y se mantiene una frecuencia muy baja, comience a disminuir las recompensas y sanciones, considerando el cuadro que realizó para este fin.

No olvide mantenerse firme en el cumplimiento de las reglas y revisar que los demás también las estén cumpliendo. Recuerde retirar la cartulina con las reglas cuando las nuevas reglas se lleven a cabo de forma habitual.

En cuanto al *contrato conductual,* revise los resultados obtenidos y para hacerlo puede retomar el tema nueve. Si considera necesario hacer modificaciones, hágalas junto con los otros implicados y asegúrese de que la fecha de vencimiento se respete.

Al igual que la entrega de los reforzadores debe disminuirse, el *contrato conductual* puede llegar a no ser necesario y para eliminarlo haga énfasis en los reforzadores naturales que el niño obtiene al cumplir con el contrato. Ejemplos: si ve menos televisión, tiene más tiempo para otras actividades; si hace la tarea todos los días aprende más y aumenta sus calificaciones; si practica con la guitarra una hora diaria perfeccionará su uso más rápido, etcétera. Es importante que su hijo conozca los beneficios de realizar las conductas adecuadas más allá de la entrega directa de un premio o sanción, para que encuentre las ventajas de hacer ciertas cosas para su beneficio.

CIERRE DEL CAPÍTULO

La crianza de los hijos es una labor difícil pero fructífera; cada avance del niño representa el esfuerzo de éste y, en gran medida, el apoyo que sus padres le han brindado. La implementación de técnicas para modificar la conducta tienen la finalidad de favorecer en el niño las actitudes que le ayudarán en su desarrollo y no hacer de ellos personas no pensantes, que sólo obedezcan lo que se les pide.

Es importante reflexionar junto con su hijo el beneficio que tendrán él y su familia si se cumplen ciertas reglas; explicarle los daños que un comportamiento inadecuado puede hacer.

Esperamos que las actividades propuestas les sean de utilidad para favorecer el aumento de conductas adecuadas en el niño y ayuden a facilitar la crianza positiva de su hijo. También es importante mencionar que las estrategias hasta aquí revisadas ayudarán a complementar los siguientes apartados del Manual.

PARTE 2

BULLYING

Introducción

Dentro de las escuelas tradicionales, el desequilibrio de poder y el ambiente escolar permisible de la violencia, ha generado un fenómeno denominado *bullying* que significa *acoso escolar*.

El bullying se presenta cuando un alumno realiza repetidamente (incluso cotidianamente), algún tipo de agresión hacia algún compañero para causarle daño.

Una de sus características es que existe desequilibrio de poder entre la víctima y el alumno *bully* que se percibe más fuerte, con más amigos, o protegido por alguna persona de la comunidad educativa –no necesariamente un adulto, puede ser otro alumno–, y emplea este desequilibrio de poder para abusar de los otros (Mendoza, 2009b).

Actualmente se reconoce que el bullying aparece en edades tempranas, incluso desde la edad preescolar, extendiéndose hasta el bachillerato. A continuación se mencionan los tipos de bullying identificados:

- **Social o relacional.** Consiste en el rechazo o exclusión de alguno de los miembros de la comunidad; así, se impide su participación en juegos o en equipos académicos, aunque también se suele ignorar a la persona o esparcir rumores que la desacrediten, lo que es un maltrato indirecto.
- **Verbal.** En las escuelas se usa constantemente el apodo –considerado como normal– que en ocasiones puede ser denigrante. Otra forma de maltrato de este tipo son burlas o críticas hacia algún rasgo personal, como la vestimenta, fisonomía, color de piel o capacidad diferente; además de insultos y humillaciones.
- **Físico.** Los golpes en la nuca (zapes), en el estómago o en los hombros, parecen formar parte de una manera natural de relacionarse

entre compañeros de clase, son golpes en los que aparentemente se expresa aceptación grupal. De manera menos encubierta, se presenta otra forma de agresión física hacia la víctima, como patadas, puñetazos, cachetadas, etcétera; o hacia sus pertenencias, llegando a escupir su sándwich, dañar, romper o esconder sus objetos.

- **El abuso sexual.** Por supuesto que es considerado bullying; en escuelas primarias se han detectado casos de abuso sexual que cometen alumnos de sexto contra alumnos de primer grado.
- **El *cyberbullying.*** Es otro tipo de acoso escolar que refiere agresiones recibidas y exhibidas a través de mensajes enviados por celular o internet. En este caso el agresor se oculta en el anonimato.

El tipo de bullying que se identifica con mayor frecuencia es el social o racional (la exclusión), seguido de agresiones verbales y físicas, por lo que puede detectarse y detenerse tempranamente cuando se identifica que un niño es excluido por su grupo de compañeros tanto en actividades académicas como lúdicas (Mendoza, 2009b).

PARTICIPANTES EN EL BULLYING

Hoy día sabemos, con base en las investigaciones internacionales que son más de tres los alumnos que participan en bullying.

Actualmente se han identificado por lo menos ocho roles en el ciclo:

1. Agresor (bully o bullies), que es el estudiante que comienza la agresión.
2. Seguidor, que es el alumno quien participa activamente una vez que el alumno bully, comienza a molestar a la víctima.
3. Acosador pasivo, quien no participa directamente pero si "echa porras al agresor".
4. Seguidor pasivo, aquel que no participa, pero su presencia refuerza al bully.
5. Testigo no implicado, que observa lo que sucede, pero no pide ayuda.
6. Posible defensor, que no está de acuerdo con lo que sucede, pero no ayuda a la víctima.
7. Defensor de víctima, quien trata de ayudar a la víctima.
8. Víctima, alumno que es el blanco del comportamiento agresivo de otros.

Debido a que el acoso escolar es un comportamiento aprendido, los padres de familia pueden ayudar a que las malas actitudes no se presente en sus hijos o a realizar un cambio. Para hacerlo es necesario reforzar las conductas de ayuda, cooperación, tolerancia y respeto, y disminuyendo las conductas de agresión.

Tema I
Desarrollo de confianza entre padres e hijos

Propósito

El propósito de la presente actividad es desarrollar habilidades de comunicación, a través de actividades cotidianas, que se puedan emplear para fortalecer la relación de confianza con el menor.

Se ha identificado que los niños en mayor riesgo de participar en situaciones violentas son niños escasamente monitoreados en casa, niños que se encuentran en hogares donde existe pobre comunicación entre padres e hijos. O pueden ser niños maltratados en casa, niños con pobre autocontrol de sus emociones –principalmente enojo– y, en general, niños que no confían en sus padres para hablar de su forma de percibir el mundo, de la forma como se mueven en él y lo que reciben del entorno. Desafortunadamente, en algunas ocasiones, el maltrato se da por parte de compañeros, amigos, familiares o profesores; o sea, por la gente en que debería confiar.

Erróneamente algunos adultos creen que sólo por ser padres, sus hijos les tienen confianza. La confianza entre padres e hijos no se logra diciéndoles: "soy tu padre, que no se te olvide, así que me tienes que contar todo lo que te pasa". El acercamiento entre padres e hijos se construye día a día, y son los padres los que tienen el deber de construirla. Mientras mayor confianza tenga un niño con sus padres, mayor será la probabilidad de protegerlo contra la violencia en la escuela y las calles.

La comunicación e interacción con los hijos sin maltrato, permite desarrollar confianza y respeto. Frecuentemente sucede que algunos padres creen que "pegar" es una estrategia adecuada para educar a sus hijos, sin darse cuenta que lastiman a los hijos emocional o físicamente, lo cual es una forma de maltrato dañina para el desarrollo y educación de los niños.

Existen también conductas que afectan negativamente el ambiente familiar, dichas conductas se han clasificado en tres grupos:

MALTRATO FÍSICO

Maltratar físicamente a un niño ocurre cuando se producen lesiones corporales, de leves a graves. Algunas de estas conductas son: empujar, golpear con cualquier parte de su cuerpo, con objetos o con dar manazos, patadas, quemar, pellizcar, enterrar las uñas o amenazar con objetos, entre otras.

MALTRATO PSICOLÓGICO

Son reacciones del padre o de la madre que causan en el hijo daño emocional. Se definen como: intimidaciones con amenazas, el empleo de palabras para humillar, insultar o burlarse; realizar comparaciones negativas con otros niños; romper sus objetos personales o echarlos a la basura e, inclusive, ignorar.

ABUSO SEXUAL

Son contactos e interacciones entre un niño y una persona mayor que él, quien lo utiliza para estimularse o para estimular al niño o a otra persona. El agresor puede ser menor de edad. Se ha establecido una diferencia de edad de cinco años entre agresor y víctima, siendo la principal característica una relación de desigualdad entre ellos (Mendoza, 2009a).

Para identificar si un padre exhibe conductas de maltrato hacia sus hijos, se sugiere hacer un autoregistro, lo que permitirá conocer más detalladamente cómo se relacionan con sus hijos.

Evitar el uso del maltrato contribuirá para mejorar la confianza entre padres e hijos. La participación de los hijos en decisiones familiares, como un cambio de casa o escuela, ayuda a hacer más sólida la confianza y comunicación entre padres e hijos, pues les brinda la oportunidad de sentirse parte de un grupo, así como también trasmite a los hijos lo importante que son como integrantes de la familia.

Por otra parte, se ha identificado que el crear un juego de calidad entre padres e hijos, así como la narración de cuentos a los menores, son estrategias que fortalecen la comunicación y la confianza con ellos.

MATERIALES

- Registro de conductas de maltrato hacia los hijos

ACTIVIDAD PARA APRENDER
Identificar las conductas
que dañan la relación con mi hijo

AUTOMONITOREO DE LA CONDUCTA DE MALTRATO

El automonitoreo puede llevarse a cabo registrando cotidianamente, durante al menos una semana, las conductas negativas que dirige hacia su hijo. El registro diario es una oportunidad para que distinga las conductas que afectan la relación con él.

Para obtener mejores resultados al realizar el autoregistro de conducta se sugiere:

- Elegir un momento específico del día para registrar su conducta. Se sugiere hacerla todos los días en horario similar.
- Hacer una revisión de los momentos que compartió con su hijo durante el día, identificando las conductas de maltrato y anotándolas en el registro.
- La revisión del día, tendrá que ser objetiva, veraz y sin hacer ningún tipo de justificación a la conducta empleada. Cuando se hace esta revisión cotidiana, deberá evitar justificar su conducta. Ejemplo: evitar expresar "se lo merecía", "ya me tenía harta", "sólo pegándole me hace caso", pues recuerde que no se está revisando sí el niño lo merecía o no, tampoco se está calificando sí el padre o la madre hicieron

lo correcto o lo incorrecto; lo que se busca es identificar si utiliza conductas de maltrato hacia su hijo y cuáles son.

- Anotará al final del día el número de veces que empleó cada una de las conductas de maltrato hacia su hijo. Cuando se realiza una revisión de la conducta del agresor (en especial la negativa), se recomienda que analice y anote cuántas veces, a lo largo del día, realizó cada una de las conductas contenidas en el registro: pegar, ridiculizar, maltratar sus objetos, burlarse de él, etcétera.

Ejemplo de registro de conducta negativa:

Día de la semana (frecuencia) / Conducta negativa exhibida por el padre	Lun.	Mar.	Mié.	Jue.	Vie.	Sáb.	Dom.
Pegarle	2	3	5	3	1	2	1
Ridiculizarlo frente a otras personas	1	0	2	2	1	2	1
Romper, tirar o maltratar sus objetos personales (juguetes, ropa, etcétera.)	2	2	3	1	2	1	2
Insultarlo	2	1	0	4	1	3	1
Aventarle algún objeto	0	1	0	2	1	0	0
Compararlo con sus primos	0	1	1	2	1	0	1

Conviene destacar que para educar no se requiere maltratar, por lo que cada conducta anotada en el registro es un indicador de las conductas de maltrato que está empleando hacia su hijo y que no favorecen un sano desarrollo, tanto para el niño como para la relación entre ambos. Estas acciones negativas podrían no estar presentes, ya que para educar no es necesario golpear, rasguñar, burlarse, ridiculizar, comparar o ignorar cuando solicitan ayuda, etcétera.

PRACTICANDO

La mejor manera de evitar que su hijo se vea involucrado en situaciones de bullying es evitando que estas conductas sean utilizadas en casa. Por lo cual, es preciso que identifique si los padres realizan alguna de esas conductas al educar a su hijo.

Para hacerlo, durante la semana lleve a cabo el llenado del *autoregistro de conductas de maltrato dirigidas a su hijo*. Cuando haya logrado identificar los tipos de agresiones que emplea hacia su hijo, también podrá saber qué conductas debe cambiar para evitar que su hijo aprenda lo mismo en casa. Esto ayudará no sólo a que su hijo no presente conductas de bullying, sino también a que su hijo no sea víctima de maltrato.

Registro: Conducta negativa dirigida a los hijos
(Colocar en cada día el número de ocasiones en que realizó esta conducta)

Conducta negativa exhibida por el padre	Lun.	Mar.	Mié.	Jue.	Vie.	Sáb.	Dom.
Pegar							
Rasguñar							
Abofetear							
Romper, tirar o maltratar sus objetos personales (juguetes, ropa, etcétera.)							
Ridiculizarlo frente a otras personas							
Insultarlo							
Burlarse de él							
Sobreprotegerlo (hacerle la tarea, darle de comer en la boca, cargarlo, etcétera.)							
Interrumpirlo cuando habla							
Ignorarlo cuando solicita ayuda							
Compararlo con los hermanos							
Encerrarlo en una habitación (varias horas)							
TOTAL							

REVISANDO LOS AVANCES

Luego de haber llenado el registro durante una semana, utilícelo para contestar lo siguiente:

- ¿Hubo alguna conducta que utilizara en más ocasiones?
- ¿Cuál de las conductas la utilizó un menor número de veces?
- ¿Se había percatado de las conductas de maltrato que utiliza a diario?
- ¿Hubo algún día que no utilizara ninguna de las conductas de maltrato?
- ¿En algún día empleó todas las conductas de la lista?
- ¿Aparte de las conductas de la lista, utiliza algún otro método para educar a su hijo? ¿Cuál?
- ¿Puede emplear alguna otra estrategia para corregir a su hijo? ¿Cuál?

ACTIVIDAD PARA LA SEMANA

Identifique algo que le agrade mucho: ver la novela, comprarse ropa, ir a platicar con algún amigo o miembro de la familia, etcétera; y que pueda dejarlo de hacer sin afectar a otras personas.

Durante la semana realice nuevamente el registro de la conducta de maltrato y por cada vez que utilice alguna de estas conductas aplique *costo de respuesta*. Elija algo que le agrada, ya sea una actividad o algún objeto, y que pierda en cantidades pequeñas por cada conducta de maltrato que emplee. A continuación se presentan algunos ejemplos de cómo emplear el *costo de respuesta*:

- Por cada conducta de maltrato dejaré de ver cinco minutos de mi novela favorita.
- Por cada dos conductas de maltrato que utilice con mi hijo colocaré cinco pesos en una botella y ,al final de la semana, llevaré a mi hijo de paseo con el dinero que haya juntado. En este caso es importante que el niño no esté enterado de la razón por la cual usted juntó el dinero.
- Por cada conducta de maltrato que utilice con mi hijo no escucharé la radio media hora al hacer el quehacer.

- Por cada tres conductas de maltrato que realice, reduciré media hora de mi tiempo de ver la televisión, en los horarios de mi novela o programa favorito.

Identifique lo que puede hacer para contrarrestar el uso de violencia hacia su hijo. No busque compensar lo que hizo, sino percatarse de manera directa de la cantidad de veces que utiliza conductas dañinas y prívese de algo que le agrada, en medida proporcional al maltrato ejercido.

Al finalizar la semana, compare el registro nuevo con el registro que realizó la semana pasada, y verifique si ha disminuido la cantidad de veces que agrede a su hijo. Continúe realizando esta comparación y aplicando el *costo de respuesta* hasta que utilice el maltrato cinco veces, o menos, en toda la semana.

TEMA 2
ACERCÁNDOME A MI HIJO

PROPÓSITO

Usted conocerá y podrá llevar a cabo diferentes actividades que le acercarán a su hijo y permitirán mejorar la comunicación entre ambos.

Mientras más pequeño es un niño, más fácilmente los padres pueden establecer una relación de confianza, comunicación y apoyo. Sin embargo, existen ocasiones en las cuales la relación entre padres e hijos no es muy cercana, debido a que los padres desconocen la importancia de estar cerca de su hijo, no saben cómo utilizar los tiempos libres para acercarse a ellos o las actividades y juegos que pueden realizar para mejorar la comunicación.

Cuando un niño no tiene una buen relación con sus padres es más probable que sea víctima de maltrato o que lo ejerza sobre otros, sin que los padres puedan ayudarle. El niño puede sentirse indefenso, poco importante, tener poco control de sus emociones y confiar de manera escasa en los adultos, para hablar de los temas que le preocupan.

Es importante que los padres conozcan a su hijo y puedan establecer una relación adecuada con él, para fungir como apoyo en los problemas y situaciones diarias del niño. Por ello es importante que interactúen con él de manera constante. Lo primordial del tiempo que los padres brindan a sus hijos no reside en la cantidad, sino en la calidad; es decir, que durante ese tiempo debe verse como única prioridad el prestar atención a las necesidades, inquietudes, intereses, preocupaciones, etcétera, de su hijo; sin importar que sean 15, 20 ó 30 minutos.

Algunos padres caen en el error de considerar actividades como ver la televisión, cenar frente al televisor o en silencio; llevar y traer al niño en el coche sin conversar, entre otras, cómo actividades de convivencia, pero mientras el niño no tenga la oportunidad de expresarse y ser escuchado, en realidad no se están relacionando con él.

A continuación se presentan algunas actividades que puede poner en práctica para aumentar la calidad del tiempo que pasa con su hijo. Recuerde que al hacerlas estará mejorando la relación con su hijo y esto ayudará a disminuir la probabilidad de que se vea involucrado en situaciones de bullying.

MATERIALES

- Registro: narración de cuentos
- Registro: juego de calidad

ACTIVIDAD PARA APRENDER
Fortalecer la relación

Existen diferentes actividades y juegos que permiten y ayudan a mejorar el acercamiento de los padres con sus hijos. Algunos de ellos son los siguientes:

a) Participación en la vida familiar

- El pedir a su hijo opinión en aspectos aparentemente triviales, permitirá tener más cercanía y le ayudará a aprender que su opinión cuenta. Esto puede hacerlo pidiéndole que participe para hacer la lista de las compras, solicitándole que ayude a verificar que todo lo que está en la lista ha sido comprado, también puede pedirle opinión al niño para hacer el menú de comidas de la semana, etcétera.

- Tomar en cuenta al niño en toma de decisiones familiares importantes –sin importar la edad del niño: por ejemplo, si la familia se cambiara de casa es importante notificarle lo que va a suceder, explicándole conforme su edad el cambio que vivirán; en este caso se sugiere pedirle su opinión sobre opciones de muebles para su nueva recámara; si el niño va a ingresar a una escuela nueva, es necesario conversar con él, explicarle, pedir su opinión y, por supuesto, llevarle a conocer la escuela con anticipación.
- En algunas decisiones puede ofrecerle dos opciones previamente elegidas y permitir que sea él quien elija entre ellas; por ejemplo, si usted quiere que su hijo o hija realice algún deporte, pídale que escoja entre natación, futbol, baile, entre otros. Finalmente el niño tendrá la posibilidad de decidir y usted habrá permitido que se desarrolle físicamente al realizar deporte.

b) Juego de calidad

Se sugiere que tres días a la semana juegue con su hijo durante, al menos, 15 minutos, para que el juego sea de calidad; y aunque sea por breve tiempo, debe tener en cuenta lo siguiente:

- Deje todas sus actividades para centrarse únicamente en su hijo; es decir, durante el juego evite usar el teléfono, la computadora, preparar la comida, etcétera.
- Su hijo o hijos elegirán el juego. Al elegir el juego se da la oportunidad de conocer más sobre los intereses de su hijo, por lo tanto se sentirá más motivado para participar y le alentará a tomar decisiones.
- Tome en cuenta que el juego debe ser una actividad dinámica que ponga en movimiento a todos los jugadores, por lo que actividades como ver la tele, ver una película, dibujar, etcétera, no son actividades adecuadas. Se sugiere: armar un rompecabezas, jugar fútbol, jugar a la "comidita", "a la carreterita" o juegos de mesa, entre muchos otros.
- Durante el juego procure realizar las siguientes conductas hacia su hijo: sonreír, establecer contacto visual, realizar contacto físico

(abrazarlos, acariciar su cara, acariciar su cabeza), para mostrar "cariñitos"; compartir durante el juego los materiales, estar físicamente cerca de su hijo (a menos de un metro de distancia, lo que ayuda a garantizar que haya más interacción entre ustedes); conversar con el niño cuando sea posible (hacerle preguntas o pedirle su opinión); y elogiar la participación de su hijo. Exprésele palabras positivas cuando gane, cuando se aproximen a ganar, cuando coopere, cuando respete turnos y límites, etcétera.

- Evite durante el juego: gritar, insultar, pegar, criticar o ignorarlo.
- Establezca claramente las reglas del juego: por ejemplo, se deben respetar los turnos, es necesario compartir todo el material, queda prohibido arrebatar objetos, etcétera.

Observaciones: cuando en la familia han aprendido a relacionarse con comportamiento agresivo o cuando existe pobre comunicación entre sus integrantes, no es sorprendente que el juego termine en conflicto, por lo que los padres deberán atender esta situación comenzando por ser tolerantes, cooperativos y respetarse durante el juego. Poco a poco, todos aprenderán a actuar de esta manera y disfrutarán juntos.

c) Contarle cuentos

Con niños de maternal, preescolar y primaria, el cuento es una estrategia que funciona para enseñar y comunicarse con ellos, por lo que se recomienda usarlo cotidianamente para construir o fortalecer la confianza entre padres e hijos.

Se sugiere:
- Que esté al cien por ciento con su hijo cuando se le narre el cuento (evitar distracciones como la televisión, el teléfono u otras actividades).
- Establecer un horario para contarle un cuento y hacerlo alrededor de cinco veces a la semana.
- Establecer el número de cuentos que se van a narrar y negociar con su hijo, ya que generalmente los niños solicitan que les narren más de un cuento por ocasión.
- Que su hijo elija el cuento; en caso de no tener literatura infantil en casa, se tiene que comenzar por llevarlo a una librería especializada en niños para que él escoja sus cuentos.

- Implantar reglas. Por ejemplo, si su hijo quiere hacer preguntas deberá levantar la mano (puede preguntar acerca de palabras o expresiones que no entienda); su hijo no puede contar su propia historia cuando usted narra el cuento; sin embargo, se puede abrir un espacio al terminar la historia, para que él invente su propio relato.
- Invitar al niño a que haga predicciones del cuento. Puede enseñarle la portada o una de las ilustraciones más representativas del cuento y pedirle que la describa y que imagine de qué tratará la historia.

Practicando

Diariamente realice una actividad de cada uno de los grupos anteriormente mencionados: participación en la vida familiar, juego de calidad y contar cuentos. Utilice registros para identificar la calidad de su participación durante el juego y la narración del cuento.

Los registros le permitirán evaluar la calidad de las actividades que desarrolla con su hijo; para hacerlo llene los espacios en blanco, de acuerdo a la información solicitada. Debe ser sincero al hacerlo, pues de ello depende que la evaluación sea correcta y le ayudará a visualizar de manera más clara los principales aspectos en los que trabajará en las actividades posteriores.

Registro: Juego de calidad

Subraye las conductas que realiza durante el juego.	Subrayar conductas que realiza su hijo durante el juego.	Día de la semana en que se realizó el juego.	Duración del juego.	Juego (tipo de juego realizado)	Observaciones (conductas negativas).
Sonreír, cercanía física, contacto visual, preguntar, contestar, contacto físico, compartir, elogiar.	Sonreír, cercanía física, contacto visual, preguntar, contestar, contacto físico, compartir, elogiar.				

Sonreír, cercanía física, contacto visual, preguntar, contestar, contacto físico, compartir, elogiar.	Sonreír, cercanía física, contacto visual, preguntar, contestar, contacto físico, compartir, elogiar.				
Sonreír, cercanía física, contacto visual, preguntar, contestar, contacto físico, compartir, elogiar.	Sonreír, cercanía física, contacto visual, preguntar, contestar, contacto físico, compartir, elogiar.				

Registro: Narración de cuentos

Subraye las conductas que usted realiza durante el cuento.	Subraye las conductas que realiza su hijo durante el cuento	Día de la semana	Duración del cuento	Título del cuento	Observaciones (conductas negativas)
Sonreír, abrazar, elogiar, cercanía física, actuar el cuento.	Sonreír, abrazar, elogiar, cercanía física.				
Sonreír, abrazar, elogiar, cercanía física, actuar el cuento.	Sonreír, abrazar, elogiar, cercanía física.				

Sonreír, abrazar, elogiar, cercanía física, actuar el cuento.	Sonreír, abrazar, elogiar, cercanía física.				
Sonreír, abrazar, elogiar, cercanía física, actuar el cuento.	Sonreír, abrazar, elogiar, cercanía física.				
Sonreír, abrazar, elogiar, cercanía física, actuar el cuento.	Sonreír, abrazar, elogiar, cercanía física.				

REVISANDO LOS AVANCES

Hacer el registro cotidianamente le permitirá darse cuenta de su participaron diaria con su hijo en la construcción de la confianza. Piense en qué medida, el hacer estas actividades le han ayudado a cumplir con lo siguiente:

- Aumentar el tiempo de calidad que invierte en su hijo. Quizá no había identificado que "todo" parece ser más importante que su hijo, "todo" requiere de atención inmediata antes que él, ya sean tareas domésticas, profesionales o personales. El dedicar tiempo de calidad implica que observe si invierte tiempo en su hijo, haciendo a un lado todas sus responsabilidades profesionales y personales, para vivir y disfrutar durante algunos minutos el rol de padre amoroso, tolerante, que le dedica toda la atención y cuidados en ese momento a su hijo.
- Crear un vínculo más fuerte con su hijo. Esto ocurre cuando, fuera del juego, el niño exhibe mayor apoyo: cooperando, tolerando, respetando y dando más muestras de afecto a sus hermanos y padres.

- Identificar los cambios que ocurren en la relación al aumentar el tiempo de calidad. Como padre tienen que estar atento a los cambios en la relación con su hijo; ejemplo: que su hijo lo abrace más, converse más con usted, le solicite ayuda y disminuya otras conductas no deseadas como berrinches, desobediencia, etcétera.
- Realizar actividades que le agradan a su hijo. El juego de calidad y el cuento le permiten tener más cercanía y contacto con su hijo, brindándole la oportunidad de identificar con más facilidad lo que le gusta: juegos que más le agradan; qué lo hace reír, qué le disgusta y, en general, lo que piensa u opina del mundo en el que se desenvuelve.

ACTIVIDAD PARA LA SEMANA

Diariamente realice al menos una de las actividades propuestas en este tema e identifique qué conductas realiza su hijo con mayor frecuencia; de esta forma usted puede saber que la relación va mejorando: si lo abraza con mayor frecuencia, si se acerca a platicar cuando llega de la escuela o le cuenta algún secreto que compartía sólo con sus amigos; quizá le pida que le lea otro cuento y, a cambio, se ofrece para ayudarlo a actividades que antes no hacía, etcétera.

Es importante que logre distinguir cambios positivos en su hijo, pues esto indicará que las actividades están mejorando positivamente la relación y con ello también se asegura de prevenir que su hijo se vea inmerso en situaciones de maltrato. Recuerde que los comportamientos positivos deben ser reforzados.

TEMA 3
¿CÓMO AYUDAR A MI HIJO, CUANDO ES VÍCTIMA DE BULLYING?

PROPÓSITO

Que los padres conozcan la manera más adecuada de afrontar una situación de bullying cuando su hijo la está viviendo.

El enojo existe en nosotros para ayudar a activar al cuerpo a cumplir con ciertas metas que pueden resultar difíciles de realizar. De forma instintiva, los padres reaccionan con enojo al enterarse de que alguno de sus hijos es lastimado. Lo que se recomienda es que se use el enojo para construir y ayudar a su hijo a dejar de ser victimizado en la escuela y en otros ambientes en los que se desenvuelve. Sin embargo, cuando un padre reacciona agresivamente para defender a su hijo, le crea culpa (por haberlo contado), con lo que se dificulta todo el proceso para protegerlo.

A continuación se presentan algunas de las maneras en que los padres reaccionan, pero que resultan ser inefectivas para evitar que su hijo siga siendo víctima de bullying:

LASTIMAN A SU HIJO

Le pegan. Al enterarse se sienten enojados, frustrados y reaccionan pegándole al niño; creen que es una manera correcta de reprenderlo por no haberles contado a tiempo. El padre o la madre deben preguntarse qué ha hecho o ha dejado de hacer para que su hijo no le tenga confianza para contarle lo que vive en la escuela.

No le creen. Otros padres niegan inmediatamente lo que su hijo les está contando pues desean que no sea cierto; y así desaprueban la versión de su hijo, llamándole mentiroso.

Lo responsabilizan. Existen padres que hacen responsable a su hijo de lo que le sucedió, creyendo que su hijo lo tenía merecido. Le echan la culpa en su deseo de minimizar el remordimiento que tienen por no enterarse a tiempo y proteger a su hijo. Algunos padres pueden llegar a expresarles: "Pero tú tienes la culpa, para que te llevas así con ellos", "no seas chillón, el que se lleva se aguanta", "¿qué, no eres hombrecito?, a mí me seguían entre cinco y me los descontaba a todos".

MALTRATAN AL PROFESOR, AL DIRECTOR O AL NIÑO AGRESOR

Agredir al director o profesores, lo único que provocará es culpa en los niños, por lo que muy probablemente no vuelvan a confiar en sus padres para pedir ayuda, hay niños que dicen: "por mi culpa, mi papá le grito a la maestra", o "por mi culpa mi papá, se peleó con el director".

El agredir al profesor o directivos estigmatizará a la familia como "violenta", marca que puede seguir al niño durante muchos años de su vida, sobre todo en caso de seguir en esa escuela. Sin embargo cabe destacar que nunca hay que quedarse callado hay que levantar la voz, pero nunca con agresión.

Es innegable la gran responsabilidad que existe por parte de la escuela, que debería garantizar la protección física, emocional y sexual de todos sus integrantes, por lo que los padres tienen el derecho de solicitar a la escuela que se les den garantías de seguridad. En estos casos, una buena estrategia es asistir inmediatamente con los directivos del plantel para solicitar protección y atención para su hijo; reparación del daño por parte de la familia del niño agresor; atención para la víctima y solicitar que los padres del niño violento soliciten apoyo psicológico. En caso de que no exista apoyo por parte del directivo escolar, se sugiere llamar a buzón escolar.

Por otra parte, existen casos de padres que lastiman físicamente al niño que agredió a su hijo. Desafortunadamente este tipo de conductas violentas no sólo generan más violencia sino que también enseña a los hijos que la forma de resolver situaciones conflictivas es maltratando y amenazando.

Resolver violencia con violencia, provoca en los niños atacados una doble victimización: la primera la recibe cuando los compañeros lo molestan; la segunda ocurre cuando tiene miedo, vergüenza o enojo, por las consecuencias de haber comentado a sus padres lo ocurrido, quienes resolvieron con agresión la situación y exhibieron el maltrato que su hijo vivió.

Cuando el niño victimizado no solicitó apoyo a los padres de familia, se sugiere que se tome como una alerta para los padres, es decir, que se pregunten: ¿Qué estoy haciendo para que mi hijo no se haya acercado a contármelo? ¿Qué pasa conmigo que no me di cuenta? ¿Qué está sucediendo que no identifiqué que mi hijo se enojaba o lloraba más de lo normal, se encerraba y no quería hablar con nadie o no comía bien?

Cuando una familia tiene un integrante que es víctima de bullying, además de brindar apoyo inmediato y detener la situación, lo puede tomar como un aviso, una luz roja que señala que "algo está pasando" en la relación entre padres e hijos y el ambiente familiar, por lo que hay que hacer un alto, revisar y desarrollar cambios en la comunicación familiar, monitoreo, estrategias de disciplina, etcétera.

ACTIVIDAD PARA APRENDER
Manejar la situación

ENFRENTAR SITUACIONES DE BULLYING

Cuando un hijo es victimizado en la escuela no hay que "perder tiempo" y tampoco desperdiciar energía en otras personas, hay que centrar la atención en ayudarlo para que deje de ser lastimado. A continuación se presenta un listado de algunas de las actividades que puede llevar a cabo para ayudar a su hijo en esta situación:

- Escuchar con atención, abrazarlo en caso de que lo necesite. Y no espere a que le solicite un abrazo, usted déselo.
- Preguntar, sin hostigarlo, sobre las situaciones de bullying; nombre de las personas implicadas; curso y desarrollo del maltrato; la forma en cómo lo molestan, si lo ha informado en la escuela y el apoyo recibido.
- Expresarle que le cree y que él es un niño muy valiente por decirlo. Exprésele que le brindará su apoyo y cumplirle, solicitando la intervención inmediata de la escuela.
- Se deberá invitar al niño para que informe a los familiares que considere para que estén enterados de lo sucedido. En muchos de los casos, los niños le tienen más confianza a uno de los padres, y creen que el otro le pegará o le regañará, por lo que es importante que se garantice que esto no sucederá. Si no se solicita permiso al niño para decir a otros lo que le confió y se lo cuenta a otras personas, ya sean primos, tíos, etcétera, se estará lastimando la confianza que él le depositó y será difícil que en otra ocasión vuelva a confiar.
- En caso de que el niño haya informado directamente a los padres, antes que notificarlo al profesorado, se sugiere solicitar permiso a su hijo para notificar lo sucedido en la escuela. Si su hijo ya solicitó ayuda y no le creyeron o se la negaron, será natural que no quiera

informarlo nuevamente (probablemente se sienta angustiado y con miedo de hacerlo); sin embargo, deberá apoyarlo para que se solicite ayuda a las autoridades. Hay que recordar que en la escuela se tienen que apoyar a los niños garantizando que recibirán lo necesario para su protección física, sexual y emocional dentro del plantel.

Se sugiere que el padre de familia se asegure de que en el plantel escolar se lleven acciones para que protejan a su hijo. Para el plantel escolar se recomienda atención de primeros auxilios con el siguiente **ABC**:

- **A**veriguar si el alumno es víctima de violencia escolar o bullying. Ello permitirá guiar las acciones a realizar. En episodios de bullying no es posible sentar a negociar al agresor y a la víctima, ya que esta acción fortalece más al agresor, haciendo sentir a la víctima desprotegida. Por otra parte, es común que el profesorado castigue o responsabilice a la víctima. Por ejemplo, el profesor le grita a la víctima: "tú cállate, ya no quiero escucharte, siempre te quejas, los dos se van castigados", logrando hacer una doble victimización, ya que el agredido es víctima de los compañeros y también del profesorado, al no tener su apoyo y protección.
- **B**rindar apoyo inmediato a la víctima. El profesorado y directivos tienen que asumir la responsabilidad de brindar seguridad inmediata a la víctima y se tienen que establecer acciones para garantizar que el episodio violento no ocurra nuevamente. Es necesario preguntar al alumno: ¿Qué te gustaría solicitar al agresor?, ¿cómo quieres que te demuestre que no volverá a suceder?, ¿te gustaría que te dé una disculpa pública?

   Escuchar al niño le ayudará a sentirse confortado y apoyado. Generalmente las víctimas solicitan una disculpa frente a todos; otras piden que, además de la disculpa, el agresor elija su propia sanción; por ejemplo, ayudar en tareas extra escolares supervisados por un educador.

   Con respecto al agresor se necesita que aprenda que su comportamiento tiene un costo, es decir, que conozca que lastimar a las personas no "le sale gratis", por lo que se hace necesario que tenga una sanción. Además de ello, es indispensable que se le ayude a desarrollar empatía, por lo que se sugiere que los directivos le asignen una consecuencia que le permita exhibir comportamiento tolerante, de ayuda y cooperación hacia los demás compañeros.

Los padres del niño agresor deberán asumir la responsabilidad del comportamiento de su hijo, por lo que será necesario que la actitud abusiva del alumno tenga un costo. Algunos ejemplos de cómo hacer esto, son los siguientes: reparando el daño ocasionado a la víctima; en caso de haberla lastimado físicamente deberá pagar el médico o el odontólogo, según el caso; deberá pagar los objetos que rompió o dañó; y hacerse responsable del pago a un especialista por una intervención en crisis.

- **C**rear y desarrollar estrategias de cambio conductual en el plantel escolar que permita identificar tempranamente episodios de bullying; entre ellas, elevar la motivación por las tareas académicas, establecer reglas y consecuencias para cuando no se respeten las normas, aplicándolas de manera inmediata y sistemáticamente. Hay que evitar comportamiento injusto por parte del profesorado hacia los alumnos.

Es posible implementar en casa algunas modificaciones para proteger a su hijo de futuros ataques. Algunas de las modificaciones que puede realizar son las siguientes:

- Enseñarle algunas estrategias que le permitan aumentar su círculo de amigos, desarrollando habilidades de socialización.
- Alentarlo a que realice actividades que le impliquen retos y metas, como andar en bicicleta, caminar en zonas oscuras de la casa, etcétera.
- Evitar sobreprotegerlo y resolverle sus dificultades.
- Darle más atención, monitoreando más sus actividades deportivas, académicas y artísticas.
- Ayudarle a que tenga más confianza en sí mismo. Por ejemplo, alentarlo a que cuente "chistes de niños" en público, o que haga una creación en tela que le sirva en sus juegos con las muñecas o los carritos –según sea el caso–, ayudarlo a preparar algún postre y que lo comparta.
- Auxiliarlo a tomar decisiones cotidianas y acordes a su edad: como la ropa a ponerse, la película a ver, etcétera.
- Evitar gritar o lastimarle emocionalmente.

- Enseñarle a que pida ayuda cuando se le dificulte hacer algo. Si aprende a pedir ayuda en situaciones cotidianas y recibe el apoyo por parte de los padres, aprenderá que le brindan escucha y ayuda para resolver situaciones difíciles.
- Que aprenda a pedir ayuda cuando un alumno quiera lastimarlo. El reto a superar es que el profesorado conozca cómo actuar y ayudarlo sin culparlo.
- Mostrarle a ser asertivo, que diga lo que piensa y siente sin lastimar a otros.

¿Cómo notificarlo y solicitar ayuda en la escuela?

Los padres tienen que solicitar ayuda inmediata a la escuela en caso de tener conocimiento de que su hijo es lastimado por otros compañeros.

Se deberá evitar:

- Exhibir violencia (golpear, amenazar o gritar), pues esto lo único que provocará es que su hijo se sienta culpable, con miedo, avergonzado, lo que evitará que vuelva a pedirle ayuda en situaciones futuras.
- Evitar caer en rumores o situaciones que muy probablemente no son veraces y que se manejan fuera de la escuela, por lo que se sugiere contar las cosas tal y como ocurrieron, de acuerdo a lo que su hijo le haya contado.
- Confrontar o pedir cuentas al niño que es señalado por su hijo como su agresor.

Se sugiere:

- Informar inmediatamente al director y al profesor del grupo, para contar lo que su hijo le comunico.
- Solicitar acciones inmediatas para que su hijo sea protegido, y que se protejan a los otros niños del plantel.
- Pedir la reparación del daño, así como consecuencias para el alumno agresor y así haga la conexión entre su comportamiento y los daños causados a la víctima; es decir, a través de la consecuencia, el niño agresor aprenderá que su conducta le provoca un costo.
- Mostrar y ofrecer apoyo al director y al profesor para que pueda re-solverse la situación lo más pronto posible y sin violencia.

- Comprometerse a realizar acciones familiares que puedan fortalecer a su hijo y protegerlo; entre ellas, promover el interés de su hijo por los aspectos académicos, ya que si su hijo se siente motivado por lo académico, se mantendrá alejado de situaciones violentas.
- Verificar que el profesor del grupo cuente con capacitación pertinente para ofrecer apoyo a las víctimas de violencia escolar y bullying.
- Asegurarse de que el profesorado no trate injustamente al alumnado; es decir, identificar si el alumno víctima había informado antes al profesor y conocer si las acciones dirigidas hacia el caso implicaron más daños a la víctima; por ejemplo, el ignorar al alumno; castigarlo igual o incluso más que al agresor; desacreditar lo que ha dicho o llamarle mentiroso y revoltoso por mencionar el maltrato.
- Establecer un calendario en donde se señale las acciones de atención y seguimiento del caso, y verificar que se cumpla por los directivos.

¿CÓMO IDENTIFICAR SEÑALES DE BULLYING?

Como padre de familia es necesario que aprenda a observar con detalle el comportamiento de su hijo, para que puedan identificar rápidamente cuando exista un mínimo cambio en él. Algunos de los cambios que pueden indicar que su hijo es víctima de bullying son los siguientes:

- Ingesta de alimentos. Los cambios en la ingesta de alimentos son un indicador de que el niño se puede sentir triste o ansioso, por lo que puede dejar de comer como lo hacía antes o comenzar a comer de prisa y en cantidades mayores de lo que lo hacía normalmente.
- Dificultad a la hora de dormir. El niño puede comenzar a expresar miedo por irse a dormir solo, cuando normalmente lo hacía sin problema; también puede tener pesadillas o tardar más para dormir.
- Dificultades de concentración. El niño puede comenzar a tener dificultades para atender las indicaciones en la escuela o para atender a los padres cuando éstos le hablan.
- No querer ir a la escuela o a la actividad deportiva. Generalmente lloran, se hacen los enfermos o inventan algún pretexto para no ir a la escuela, evitando de esta manera enfrentar el problema. Por lo que, antes de regañar u obligar al niño a ir a la escuela, tienen que indagar la verdadera razón por la que no quiere ir.

- Útiles o uniforme escolar. Verificar que el niño tenga sus útiles escolares completos, que no tenga maltratada su mochila o el uniforme escolar.
- Cambios de humor. Cuando un niño comienza a tener cambios en el estado de humor –se enoja o llora fácilmente– es una señal de alerta de petición de ayuda. Se puede observar si existe incremento de los berrinches, de enojos, de conflictos en los juegos con sus mejores amigos o primos.
- Desobediencia. Algunos niños pueden comenzar a tener problemas de desobediencia en la escuela o en la familia; sin embargo, puede deberse a que el niño está tan concentrado en lo que le sucede, en que lo molestan constantemente, que no escucha la petición que le hacen los padres o la maestra. Generalmente, los niños que son constantemente abusados se encierran en sí mismos, en lo que sienten –dolor, vergüenza, miedo– y ocupan tanto su tiempo en ello, que no perciben completamente su realidad.

Una vez que el niño víctima revela su situación a los padres, es común que se sienta irritable, sensible (llora con facilidad), puede llegar a mojar la cama; tiene cambios en la ingesta de alimentos, manifiesta miedo, y se puede encerrar en su habitación o esconderse en algún rincón de la casa, como closets o en la alacena.

PRACTICANDO

En caso de que su hijo haya vivido alguna situación de bullying, recuerde las sugerencias que se hacen para ayudarlo:

- Creerle y no responsabilizarlo de lo que sucedió.
- Informar y solicitar atención inmediata al director y al profesor (siempre con respeto).

Analice la comunicación que mantiene con su hijo, identificando cuáles de las siguientes conductas realiza cuando le cuenta sobre algo que es muy importante para él:

¿Escucha con atención y lo abraza cuando termina de contarle?

- ¿Muestra interés, haciéndole preguntas?
- ¿Expresa que le cree y que entiende cómo se siente?
- ¿Le hace ver que su otro padre estaría interesado en conocer lo mismo que le está compartiendo a usted –en caso de ser la madre quien escucha–, por lo que invita a su hijo a compartirlo con el otro.
- Observe si usted comunica a otras personas lo que su hijo le ha confiado sin pedirle autorización. Es importante destacar que no importa la edad que su hijo tenga, merece todo su respeto y eso es parte de la construcción de su autoestima.
- Obsérvese si comunica a otras personas lo que su hijo le ha confiado en forma de chiste o broma, burlándose de lo que su hijo hizo. Si el pequeño hizo algo ingenioso, usted puede pedirle autorización para hablarlo con otras personas con frases como: "me gustaría platicarle a tu tía sobre lo que me dijiste ayer, creo que ella se sentirá muy orgullosa de la forma tan inteligente en la que resolviste las cosas" o "me agradó mucho lo que me dijiste y es una experiencia que me gustaría compartir con tu papá, ¿qué te parece, puedo hacerlo?".

Observe si brinda apoyo a su hijo para:

- Que su hijo juegue con otros niños, siempre bajo el conocimiento de saber en dónde está y con quiénes está jugando.
- Realizar actividades que él encuentra difíciles, como andar en bicicleta o nadar.
- Que su hijo resuelva situaciones por sí solo; es decir, evitar que otros le hagan la tarea, sus actividades o trabajos en casa, entre otras; no es recomendable el hacerle sus tareas.
- Desarrollar más confianza en sí mismo, ayudándolo a tomar decisiones cotidianas y acordes a su edad; tomar en cuenta su opinión, felicitarlo cuando logra realizar alguna tarea adecuadamente, elogiar sus logros escolares o deportivos, etcétera.

Después de esta revisión identifique si hubo alguna de las situaciones que no promueve o que no realiza de manera constante, aun cuando se presenta la oportunidad. Después, trate de aumentar el apoyo brindado a su hijo durante la semana, realizando las conductas que omite y promoviendo el apoyo a su hijo en las actividades sugeridas. Puede invertir unos minutos para hacerlo y estará desarrollando y favoreciendo la relación con su hijo en gran medida, además de que ayudará con ello a prevenir que su hijo sea víctima de bullying.

REVISANDO LOS AVANCES

Para verificar la claridad que tiene sobre el tema, realice esta actividad. Recuerde que es importante que esté enterado de los cambios que ocurren en la conducta de su hijo, pues sólo así podrá ayudarlo cuando *algo no esté bien.*

Utilizando las siguientes frases y palabras, complete las frases que s presentan debajo:

Más violencia. Expresar que le cree. Prestarle más atención. Lastimando a su hijo. Círculo de amigos. Cambios. Petición. Escucharlo con atención. Estado. Humor. Victima. Maltratando al profesor. Pedir ayuda. Evitar. Maltratado. Lastimado.

1. Algunas de las maneras en que los padres reaccionan, pero que resultan ser inefectivas para evitar que su hijo siga siendo víctima de bullying son: _____ y _____ _____.

2. El uso de conductas violentas sólo genera _____.

3. Son actividades que puede realizar para ayudar a su hijo en una situación de bullying: _____ y _____ _____.

4. Aumentar su _____ y _____ _____ son algunas modificaciones que puede hacer en casa para proteger a su hijo de futuros ataques.

5. Enseñar a su hijo a _____ también puede prevenir que sea víctima del bullying.

6. Es necesario solicitar ayuda inmediata a la escuela en caso de tener conocimiento de que su hijo es _____ por otros compañeros de escuela.

7. Aun si su hijo es víctima de maltrato deberá _____ exhibir violencia.

8. Puede sospechar que su hijo es _____ de bullying si observa _____ en la ingesta de alimentos, tiene _____ el uniforme de la escuela.

9. Cuando un niño comienza a tener cambios en el _____ de _____ es un foco rojo de _____ de ayuda.

A continuación se presenta una lista con las respuestas correctas, corrobore que las respuestas que anotó sean las mismas. En caso de que tenga cinco errores o más, considere leer nuevamente este tema.

1. Lastimando a su hijo. Maltratando al profesor.
2. Más violencia.
3. Escucharlo con atención. Expresar que le cree.
4. Círculo de amigos. Prestarle más atención.
5. Pedir ayuda.
6. Lastimado.
7. Evitar.
8. Víctima. Cambios. Maltratado.
9. Estado. Humor. Petición.

ACTIVIDAD PARA LA SEMANA

Durante la semana pregunte a su hijo sobre las actividades del día que más le hayan gustado o escúchelo cuando le platique algo; procure darse un tiempo para hacerlo sin afectar sus actividades ni las del niño, de tal manera que pueda escuchar con atención, mostrar interés, compartir su opinión sobre el tema, compartir algo de su día que le resulte interesante a su hijo, etcétera.

Recuerde que la comunicación cercana con su hijo facilitará que él recurra a usted cuando necesite ayuda en cualquier situación.

TEMA 4
¿CÓMO ACTUAR CUANDO MI HIJO ES EL QUE PEGA Y MOLESTA CONSTANTEMENTE A SUS COMPAÑEROS?

PROPÓSITO

Brindar estrategias educativas que podrá realizar cotidianamente para disminuir la conducta de bullying en su hijo y mejorar la relación con él.

El niño que constantemente molesta a otros compañeros se caracteriza por:

- Ser alumno poco motivado por las actividades académicas.
- Carecer de hábitos adecuados en casa; ejemplo: juega antes de hacer la tarea, puede comer en cualquier parte de la casa sin llevar después los trastos a la cocina, juega fuera de casa sin pedir permiso ni avisar, entre otros.
- Controlar a los padres, ya que él decide cómo y cuándo hacer sus actividades; ve la televisión en el momento que desea y durante el tiempo que él quiere; tiene acceso libre a redes sociales y no tiene supervisión respecto al uso de Internet o celular.
- Carecer de atención por parte de los padres, es poco monitoreado. Los adultos se encuentran ocupados con sus actividades y problemas, por lo que invierten poco tiempo en brindarle atención al menor.
- Ser disciplinado mediante malos tratos. Generalmente sus padres le maltratan para lograr que adquiera ciertos hábitos, suba de calificación o les obedezca. Para disciplinarlo emplean amenazas, gritos, insultos, golpes, le comparan constantemente con los hermanos refiriendo a los segundos como mejores; y, en general, usan todo tipo de maltrato.

MATERIALES

- Registro de hábitos en casa

ACTIVIDAD PARA APRENDER
*Disminuir la conducta bully en mi hijo
y mejorar nuestra relación*

Los padres de un niño que exhibe comportamiento agresivo, generalmente tienen pocas y pobres expectativas sobre lo que su hijo es capaz de hacer y los ven como poco exitosos en casi todas las áreas de su vida; por lo tanto, se sugiere comenzar a cambiar esta visión del niño, observando el buen comportamiento que exhibe, y evitando centrarse en su mala conducta.

Es importante enfatizar que las conductas inadecuadas que el niño realiza han sido aprendidas y, por lo tanto, también pueden desaprender. El niño puede retomar comportamientos que sean más adecuados para su sano desarrollo y el mejoramiento de su relación con los otros; principalmente con sus compañeros de la escuela. Los padres pueden ayudar a facilitar estos cambios de conducta en su hijo mediante el uso de disciplina positiva.

El establecimiento de disciplina no es sinónimo de maltrato; sino por el contrario se sugiere evitar: insultar, pegar o minimizar a su hijo para lograr que adquiera ciertos hábitos, que sea obediente, o que cumpla con las tareas en casa y en la escuela. Los niños tienen que aprender que tienen derechos y también obligaciones con las que deben cumplir. A continuación se presentan brevemente algunas recomendaciones que pueden facilitarle a su hijo el aprendizaje de conductas adecuadas y sanas para su desarrollo.

1. Disciplinar sin maltrato

   Como se ha mencionado antes, es importante que su hijo conozca cuáles de las conductas que realiza no son adecuadas o representan un problema a causa de los malos resultados que obtiene al llevarlas a cabo.

   La mayoría de los padres tratan de evidenciar y modificar esas conductas inadecuadas empleando sanciones poco efectivas y con graves repercusiones en los niños, como golpearlos, insultarlos, gritarles, ridiculizarles o avergonzarlos frente a otras personas, etcétera.

   Cuando utiliza sanciones que implican maltrato físico o psicológico, produce al niño daños físicos y psicológicos, que difícilmente podrán sanar. El niño aprende que una conducta no adecuada es castigada de forma dura y cruel, pero también aprende que el maltrato físico y psicológico puede utilizarse para someter a otros, los niños aprenden a hacer conductas de tipo bullying. Sanción o castigo no es sinónimo de maltrato.

El ejercicio de la disciplina positiva ayuda al niño a identificar las conductas tanto adecuadas como inadecuadas de manera positiva; es decir, de manera clara, sin el uso del maltrato y evidenciando al niño la importancia y respeto que merece. No es necesario utilizar agresiones para que su hijo aprenda formas adecuadas de comportarse y, al enseñarle de esta manera, ayuda al niño a identificar formas positivas de comportarse con los otros, aun cuando esos otros se comporten de manera inapropiada.

La disciplina positiva implica tanto recompensar como sancionar al niño, entendiendo las sanciones como una forma de hacer responsable al niño de las consecuencias por su conducta inadecuada. No necesita utilizar el maltrato, pero sí empleará algo de tiempo para asegurarse de que su hijo cumpla con su castigo. Los castigos son referidos como sanciones que se implementan para llevar a cabo la disciplina positiva, algunas de las sanciones que han sido revisadas en este libro son: desaprobación social leve, tiempo fuera, sobre corrección y costo de respuesta.

2. Establecer hábitos sanos

Para el establecimiento de hábitos se hacen las siguientes sugerencias:

- Implantar un horario fijo para la realización de las actividades: la hora de la comida, tiempo de ver televisión, horas a utilizar para hacer la tarea, hora para irse a dormir, entre otras. Se debe procurar que dichas actividades sean realizadas dentro del tiempo establecido, con un margen de tolerancia no mayor a media hora.
- Al principio ayude al niño, acompañándolo para que realice las actividades de manera adecuada en el horario o tiempo establecidos.
- Para que estás actividades se formen como un hábito deberán hacerse de forma cotidiana.
- Elogie a su hijo cuando haya realizado las actividades. No importa que al principio no se lave los dientes con la técnica que enseñan los dentistas, lo que importa es que se los cepille y, poco a poco,

solicítele que lo haga de una manera más adecuada. Sí bien es importante que su hijo realice correctamente las actividades, es importante que felicite a su hijo por intentarlo y no que califique el resultado. Poco a poco podrá ayudar a su hijo a hacerlo mejor, lo importante es que comience a hacerlo.

- Los niños son capaces de comprender la razón por la que deben cumplir con los hábitos, por lo que se sugiere que se le explique al niño, brevemente, por qué debe realizar lo que se le pide; por ejemplo, explicarle cómo se dañarían sus dientes si no se los lavará, o la importancia de cubrir su cuerpo con ropa para dormir; o los beneficios de hacer la tarea antes de jugar o ver la tele y así hablar de derechos y obligaciones.
- Cuando acompañe a su hijo para crearle un nuevo hábito, hágalo tranquilo, sin estrés y empleando el tiempo que sea necesario; no lo haga con prisa o sin ganas de hacerlo, pues el niño percibirá cómo es que actúa su padre o madre al realizar la actividad y responderá de forma similar, facilitando o dificultando el establecimiento del nuevo hábito.
- Se sugiere comenzar a establecer una rutina sin prisas, un día que no haya carrera contra el reloj.

Los hábitos que más trabajo cuesta establecer, en la mayoría de las familias, son que los niños hagan la tarea antes de jugar y el que coman en la mesa sin ver la televisión. Pero en muchas familias son los niños quienes deciden en qué momento y cómo hacerlo.

A continuación se presentan algunas sugerencias para facilitarle el establecimiento de estos dos hábitos. Se propone que identifique las similitudes y diferencias que se presentan para establecerlos.

1. Para establecer el hábito de hacer la tarea, se sugiere:
   - Determinar un lugar en dónde realizarla y que siempre sea el mismo lugar.
   - Ofrecer al niño un lugar limpio y ordenado para realizarla.
   - Establecer un mismo horario para hacerla.
   - Negar el acceso a internet, o el ver televisión o jugar. No se realizará ninguna otra actividad antes de hacer la tarea.
   - Verificar que el niño tenga todo lo necesario, como sus libros, cuadernos, lápiz, pluma, tijeras, etcétera. Así se disminuyen las

distracciones y pérdidas de tiempo por no tener el material completo.

- Durante el tiempo que el niño hace la tarea, es necesario que verifique constantemente: lo que hace, cómo lo hace, y si necesita ayuda.
- Al terminar la tarea, se le da acceso a alguna actividad que sea importante para el niño: una hora a Internet, permitirle ver su programa de TV favorito, salir a jugar dos horas a la cancha deportiva, entre otras.

Se ha observado que cuando un niño se tarda demasiado tiempo haciendo la tarea, se debe a que mientras la hace pierde tiempo en comportamientos que generan distracción, como jugar con el lápiz, pensar en otras cosas, dibujar, platicar, estar "picando" y "hurtar el refri", entre otras; y, al terminarla, no le queda tiempo para otra actividad.

Si se reducen esos comportamientos, el niño podría terminar en un menor tiempo. Para ello es necesario que esté al pendiente mientras su hijo hace la tarea, asegurándose de que no se distraiga en actividades no relacionadas a ella.

2. Para establecer el hábito de *comer en la mesa sin ver la televisión,* se sugiere:
   - Dar a cada hijo una tarea específica —dependiendo de la edad— para ayudar a poner la mesa con servilletas, manteletas, cubiertos, vajilla, etcétera.
   - Usar la hora de la comida para conversar y compartir con la familia. Se puede especificar que durante la comida queda prohibido prender la televisión, el uso del celular o computadora, explicándoles que usar algún medio electrónico funciona como "una barrera" que no permite convivir; además de que dificulta la forma de comer y digerir los alimentos. Se puede comer rápidamente y con trozos grandes, debido a que no se dan cuenta de lo que comen.
   - Algunas familias, cuando se les sugiere apagar la televisión mientras comen, no saben "sobre que conversar", por lo que se sugiere que se hagan preguntas abiertas a cada integrante de la familia como: "cuéntanos alguna cosa que hayas disfrutado mucho hoy en la escuela"; o "dinos alguna cosilla que te haya causado males-

tar en la escuela", "cuéntame algo que hayas aprendido hoy y que creas que puedes usar en la vida diaria", "dime qué revisaron hoy en la escuela".

Si su hijo tiene que usar "silla periquera", se sugiere conversar con él mientras lo alimenta o mientras él come solo.

Al finalizar, trabaje en equipo para recoger la mesa. Establezca tareas específicas respecto a quién va a levantar los trastes, a limpiar la mesa, acomodar las sillas, lavar los trastes sucios, etcétera.

Monitorear

Monitorear no significa espiar o controlar lo que hacen los hijos. Existen padres que erróneamente espían lo que ellos hacen: buscan el historial de las páginas de Internet que visitan; leen sus mensajes por celular o en redes sociales; interrogan a los amigos para saber si su hijo les contó la verdad sobre el lugar al que fueron o lo que hicieron, entre otras.

Cuando existe confianza entre padres e hijos no hay necesidad de revisar nada, ya que se comunican constantemente para informar al otro lo que se hace. Cuando están presentes la confianza y la comunicación, significa que padres e hijos se conocen bien, por lo que no hay necesidad de "espiar" o "hacer interrogatorios".

Monitorear significa estar atento de sus hijos, de sus emociones, de su comportamiento, de sus necesidades, así como estar enterados de su comportamiento en la escuela y de sus avances académicos. El monitorearlos les permitirá conocerlos e identificar cambios que pueden indicar que algo no anda bien. Para poder evaluar qué tan adecuadamente monitorea a sus hijos revise lo siguiente e identifique con cuáles de los rubros cumple:

- Conoce el estado de ánimo de su hijo por sus gestos, posturas y su comportamiento.
- Detecta cambios en su estado de ánimo a partir de ciertas conductas; por ejemplo, cuando su hijo deja de hacer una actividad que normalmente hace, ello puede ser un indicador de que "algo no anda bien". Ejemplo,(si un hijo un día no navega en Internet, esta conducta le llama la atención al padre que sabe que su hijo lo hace a diario.

- Conoce y sabe "en dónde anda" su hijo. Conocer a dónde y con quiénes va cuando sale a jugar, y tiene la certeza de que su hijo avisará en caso de moverse de lugar.
- Conoce, día a día, cómo fue el desempeño académico de su hijo, pues revisó tareas, cuadernos; pidió que realizara diez minutos de lectura libre, etcétera; reflexionando con ellos sobre su desempeño durante las actividades y ayudándoles a corregir su lectura u otras tareas.
- Mantiene una relación cordial con los amigos de su hijo y el profesorado que está a su cargo.

Después de evaluación usted habrá identificado en cuáles rubros no ha logrado atender las necesidades de su hijo; el saberlo le ayudará a saber qué área necesita observar y atender con mayor detenimiento.

Dado que el monitorear también significa tener comunicación constante, cálida, y cercana con los hijos, es posible aprovechar algunos momentos del día para conversar con ellos; para lograrlo, puede valerse de situaciones que permiten hacerlo de manera cotidiana. Estos son algunos ejemplos de situaciones que puede utilizar para conversar con sus hijos: durante el trayecto de ida o de regreso a la escuela; a la hora de la comida, cuando juegan juegos de mesa o al hacer recortes para alguna materia de la escuela.

Existen preguntas que facilitan el inicio de conversaciones con los hijos, por ejemplo: "cuéntame lo que más has disfrutado del día de hoy"; "dime algo que no te haya gustado de mi comportamiento hacia ti"; "háblame de algo que hice que te gusto mucho"; "coméntame dos situaciones que hayas visto o te sucedieron hoy y te disgustaron"; "quiero saber qué hizo hoy la maestra que te haya gustado mucho"; "no me dejes de decir si la maestra hizo algo que no te gustó".

Practicando

1. Disciplinar sin maltrato.
2. Establecer hábitos.
3. Monitorear las actividades del niño.
4. Fortalecer la relación con su hijo.

DISCIPLINAR SIN MALTRATO

Durante la semana ponga atención a las actividades que realiza con su hijo y los temas que abordan. Al final de cada día identifique lo siguiente y complete el cuadro con la información que le solicita:

Día	Actividades que realizó junto con el niño	Recompensas y sanciones asignadas.
Lunes		
Martes		
Miércoles		
Jueves		
Viernes		
Sábado		
Domingo		

ESTABLECER HÁBITOS

El siguiente registro le permitirá identificar las costumbres que su hijo tiene o no establecidos, así como el comportamiento que facilita o impide su desarrollo. Llene los cuados como se muestra en el ejemplo y, si identifica que su hijo no realiza los hábitos deseados o de manera correcta, ayudelo a adquirirlos y pulirlos.

Ejemplo:
Nombre: María
Edad: seis años

Día/Hora	Hábito	Lo hace sola/ No lo hace sola.	Observaciones
Lunes 4 7:00 a 7:10	Asearse (cara, manos y peinado)	No lo hace sola.	La llevo cargando.

7:10 a 7:15	Vestirse	No lo hace sola.	La visto rápidamente mientras ella ve la TV..
7:15 a 7:35	Sentarse a desayunar	La ayudo.	Como tiene que desayunar rápido, le ayudo a que desayune (le doy de comer en la boca).
7:35 a 7:40	Cepillarse los dientes	La cargo y la llevo corriendo, no lo hace sola.	La llevo corriendo y yo le cepillo los dientes.
14:30	Cepillarse los dientes después de comer	No lo hace sola, se los lavo yo.	

Para su propio control y llenado
Nombre:
Edad:

Día/Hora	Hábito	Lo hace sola/ No lo hace sola.	Observaciones

En caso de que quiera establecer un hábito en el niño, verifique la forma en cómo se lo solicita; por ejemplo, si usted le pide que se cepille los dientes jaloneándole, gritándole, con prisas, generalmente terminará en conflicto y seguramente el hábito difícilmente se va a establecer.

Se sugiere que siga los pasos que se indican en el apartado de *establecimiento de hábitos* para facilitar la creación de nuevos hábitos en casa.

Monitorear las actividades del niño

Con respecto al monitoreo del comportamiento de su hijo, se sugieren las siguientes actividades:

Identifique si usted conoce: el lugar de reunión de sus hijos; lo que le divierte cuando juega; a los niños o niñas con quienes disfruta pasar el tiempo.

Observe si al jugar comparte, respeta turnos o hace "trampa", entre otras cosas.

En caso de jugar en casa con alguna "consola", observe qué tipo de juegos disfruta, cuál es el contenido de los juegos; detecte si pasa mucho tiempo acompañado o si disfruta más estando solo que jugando con otros niños.

Detecte si revisa cotidianamente los cuadernos o hace alguna otra actividad que le permita conocer el avance escolar de su hijo.

Reflexione respecto a si le pide a su hijo que lea unos minutos cotidianamente —no necesariamente un cuento—, cualquier documento que está en casa, como un instructivo, recetario o alguna nota del periódico de acuerdo a su edad. Solicitar que lea con usted le permitirá fortalecer su relación pues su hijo se sentirá escuchado y tomado en cuenta.

Fortalecer la relación con su hijo

Examine si mantiene o promueve momentos que faciliten la conversación con sus hijos; ejemplos: a la hora de la comida, durante el trayecto a la escuela, mientras esperan pasar al dentista, etcétera. Es importante que en los momentos para conversar se muestre tranquilidad, sin prisas y sin estar conversando con otras personas. Es primordial que durante este tiempo sea atento y se interese por los temas que su hijo aborda; que siga el hilo de la conversación y también usted comparta información de manera sencilla.

Revisando los avances

Al llevar a cabo estas propuestas, se espera que los papás hayan identificado el maltrato que pueden ejercer en sus hijos, así como las actividades que realizan con ellos para fortalecer la relación. Cuando ha identificado qué actividades los unen y cuáles los alejan, es posible realizar otros ejercicios que ayuden a mejorar la relación y disminuyan el uso del maltrato.

La lectura de este tema planteó actividades para evaluar la relación, así como presentó otras propuestas para mejorar la relación. Durante el transcurso de la semana realice las actividades sugeridas.

Hay algunos puntos sutiles que deben realizarse para garantizar que las acciones funcionen:

- Ser consistente; es decir, si quiere establecer un hábito tiene que participar todos los días para que su hijo pueda establecerlo, si quiere educar a su hijo, todos los días tendrá que establecer límites.
- Cuando dedique tiempo a su hijo, hágalo sin prisa. Todos los días dedique un tiempo para su hijo, en el que puedan relacionarse con amor y respeto.
- Cuando esté realizando con ellos alguna actividad recreativa cuyo objetivo sea divertirse, evite traer a cuento temas o situaciones conflictivas; es decir, respete el momento que están viviendo para divertirse. En caso de que sea necesario abordar algún tema importante con su hijo, será necesario dar un tiempo y lugar especial para tocarlo, donde se facilite un ambiente de respeto para que puedan hablar libremente y establecer acuerdos.

TEMA 5
¿PUEDO PROTEGER A MI HIJO DEL BULLYING?

PROPÓSITO

Que conozca y pueda aplicar algunas de las estrategias educativas para ayudar a su hijo a desarrollar habilidades que lo protejan de situaciones de riesgo, tales como ser víctima de bullying.

Los niños bully no abusan de todos los niños, eligen a las víctimas y existe mayor probabilidad de que abusen de los niños que saben que no dirán nada y los niños que ellos perciben o califican como miedosos y tímidos –quienes generalmente son sobreprotegidos por los padres–, o bien de alumnado brillante que resalte por sus competencias para solucionar problemas en el aula escolar. Incluso, los niños victimizados pueden ser niños que sean capaces de expresar lo que sienten y piensan, característica que no agrada mucho a algunas personas que perciben a los niños como incapaces de tomar decisiones.

Los padres pueden proteger a sus hijos del bullying cuidando:

- **No educar bajo creencias sexistas.** Se ha identificado que el sexismo está estrechamente relacionada con la violencia, entiéndase como sexista el educar a los niños con ideas de hay situaciones y actos netamente femeninos o masculinos. Ejemplo: ayudar en las labores domésticas, ser condescendiente con los otros o jugar al fútbol.

  Evitando que los niños crezcan siguiendo estereotipos, ayudará a que la relación sea más abierta y su hijo pueda hablarle de las situaciones tanto agradables como desagradables que le acontecen a lo largo del día.

- **Mostrando en casa comportamientos prosociales.** Enseñar a resolver conflictos sin agresión; trabajar en equipo, por ejemplo, ayudando en las tareas domésticas. No usar la agresión para conseguir algo; ayudar a los otros miembros de la familia cuando lo necesitan; abrazar a algún miembro de la familia cuando se siente triste o llora; cuidar a algún miembro de la familia cuando se siente enfermo.

- **Evitar maltratar a su hijo.** Cuando un niño es maltratado en casa con cualquier tipo de agresión, se vuelve más vulnerable a la victimización. Por ejemplo: a veces los padres excluyen o ignoran a alguno de los hijos o constantemente lo comparan con otros, haciéndoles sentir que no son buenos; o tienden a defender a uno de los hijos sin escuchar o investigar lo sucedido; o sea, privilegiar más a uno de los hijos.

Otra forma de maltrato es cuando a uno se le dan responsabilidades que no son de acuerdo a su edad ni a su rol de hijos, como "tener la responsabilidad" de cuidar al más pequeño, bañándole, dándole de comer, cambiándole el pañal.

Otro tipo de abuso que se puede observar en familias mexicanas, es obligar a los hijos a trabajar en el negocio; "en el puesto del mercado", por ejemplo, haciéndoles creer que la prioridad es trabajar antes que estudiar, dificultándoles la posibilidad de hacer lo segundo de manera adecuada.

En el caso de padres separados

Cuando los padres deciden separarse y el proceso resulta doloroso, es poco probable que los hijo sepan cómo afrontarlo, por lo que tienden a enmascarar la pérdida con agresión –sin reconocer el dolor que les ha causado la separación–, lastimando a los que tienen a su alrededor. Cuando esto ocurre es importante que los padres admitan la situación y eviten:

- Designar a su hijo "recadero". Por ejemplo: "le dices a tu madre que ya estoy cansado de…", "dile a tu padre que te compre tus colores…"
- Responsabilizar a los hijos de sus decisiones. Por ejemplo: cuando la mamá aún no está divorciada y no quiere que se entere el papá de que ya tiene novio, le dice a los hijos: "No le digas a tu padre que ya tengo novio, no le puedes decir, porque si se entera, así te va a ir".
- Los niños tienen todo el derecho de comentar libremente con el otro padre, las situaciones ocurridas en su vida cotidiana. Permita que su hijo ejerza este derecho.
- Evite presentar a sus hijos a cada pareja que tiene; esta situación los hace sentir que el amor y la confianza no perduran, son pasajeras, y genera sentimientos de inseguridad. Se sugiere presentar a la pareja elegida cuando se percibe que existe estabilidad en la relación y cuando se ha mantenido por largo tiempo.

Materiales

- Registros

Actividad para aprender
Mejorar la relación con mi hijo

A continuación se presentan algunas de las estrategias recomendadas para hacer en casa cotidianamente y así proveer a su hijo de los elementos necesarios para evitar que sea víctima de bullying. Cabe destacar que el invertir tiempo en su hijo, brindarle atención, respeto y amor, de hecho son ya elementos que lo protegen.

Cuando su hijo se encuentra ante una situación en la cuál es víctima de bullying es necesario que pueda responder asertivamente ante ella. Como padre puede enseñar al niño cómo reaccionar de la mejor manera posible ante una situación de este tipo. Hablen con su hijo y explíquele que en algún momento puede ocurrir que otro niño o adulto le haga cosas que no le agraden, que lo insulte, le asigne un apodo, lo golpee, le tire comida encima, etcétera. Si esto le llega a ocurrir es importante que le informe de inmediato y que sepa que contará con el apoyo de sus padres de manera total.

En la vida diaria su hijo enfrentará situaciones que no le serán del todo agradables. Ya sea que su hermano se refiera a él por un apodo; que juege a las luchitas con su hermano mayor y no sabe cómo parar el juego; o no lo incluyan en alguna actividad escolar o juego familiar. Si usted logra identificar estas situaciones, aun cuando no se presente maltrato, puede aprovecharlas para enseñar a su hijo a enfrentarlas de manera asertiva.

Cuando su hijo esté en una situación de este tipo, asegúrese de que haga lo siguiente:

Mire directamente a los ojos.

- Con voz firme, sin gritos ni insultos, el niño puede expresar si inconformidad o desagrado mediante frases como: "No te permito que me pegues", "no te permito que me insultes", "no me agrada que me excluyan del juego", "no me lastimes, porque yo no te estoy lastimando".
- Exprese que se romperá el silencio: "Esto lo diré a la maestra", "no me voy a quedar callado, le diré a mi papá cuando llegue".
- En caso de que el otro niño siga agrediéndolo, es mejor irse del lugar; pero no llorando, sino retirarse para solicitar ayuda a un adulto.
- Pide ayuda y apoyo de un mayor, expresando lo que sucedió y solicitando su protección.
- Se atreva a contárselo a los padres. Es importante que su hijo le hable de las situaciones desagradables que se le presentaron, así como la manera en que las solucionó.

- Si su hijo no arregló el problema, usted puede alentarlo a pensar en las posibles soluciones y, en caso de que su hijo no refiera ninguna, puede plantearle algunas probables y pedirle que piense en otras y repita las que le sugirió. Los niños mayores de diez años son capaces de reflexionar sobre cuál de las alternativas podría ser la mejor.

Cuando su hijo sepa responder a situaciones cotidianas de manera asertiva, le será más fácil enfrentarse a una situación de bullying. Para saber si llega a ser víctima de un niño acosador o bully, será conveniente que su hijo le comunique al término de las clases lo sucedido. Establecer una comunicación eficaz entre padres e hijos es algo que se construye y se mantiene día a día.

Mejorar la seguridad de su hijo

Existen varias estrategias que puede llevar a cabo, día a día, para brindar seguridad a su hijo:

a) Enseñándole a elegir. Cuando se enseña a escoger una opción, se le da poder a los niños, y aprenden que tienen la capacidad para tomar decisiones. Los niños son capaces de elegir a edades tempranas; de hecho, cuando hacen berrinche, los niños han escogido hacerlo porque saben que así tienen altas probabilidades de conseguir lo que desean, como puede ser atención, un dulce, leche, más papas, más tiempo siendo cargados, entre muchas otras.

Los adultos pueden ayudar a los niños a dar buen curso a esa facultad de decisión, ofreciendo varias alternativas: para decidir qué juego jugar, qué película ver, qué ropa ponerse, qué color de ropa prefiere, etcétera. Cuando un niño elige alguna actividad, se encontrará más motivado para participar en ella, y se fortalecerá su capacidad para tomar decisiones.

Se sugiere que no se admita como respuestas: "no sé", "dime tú" o "me da igual". Cuando el niño da estas respuestas, es posible que no tenga claridad sobre lo que le gustaría hacer. Digamos que usted le pide que elija entre jugar en un equipo de fútbol, en uno de básquetbol o en uno de tenis; en este caso, para ayudarlo a decidir, lleve a su hijo a una clase de cada deporte, así el podrá identificar cuál le ha gustado más.

b) Evitando las comparaciones. Comparar las habilidades o destrezas de su hijo con las de sus hermanos u otros niños, daña poco a poco su autoestima; recuerde que su hijo es único, no hay otro niño igual a él; por lo que si su hijo tiene comportamientos, actitudes o habilidades que usted considera que debe fortalecer para afrontar de manera más adecuada situaciones cotidianas, enséñele cómo hacerlo.

Si su hijo no siempre se comporta como usted lo espera, muy probablemente se debe a que no sabe cómo hacerlo, o no está lo suficientemente motivado para realizarlo así, por lo que necesita de su ayuda.

c) Supervisando su desempeño académico. Si un niño está fallando en una determinada materia o en varias, es un aviso de que ya lleva semanas sin atender o entender la información que los profesores le están compartiendo.

Revise los siguientes puntos, a fin de que pueda identificar en qué momentos ha contribuido a las fallas académicas y cómo puede ayudar a remediar la situación:

- Monitorea sus tareas, cuadernos, libros, etcétera.
- Detecta las debilidades o dificultades que el niño llega a tener en las materias que cursa.
- Solicita al profesor que le informe con precisión las debilidades y las fortalezas que tiene su hijo en las materias.
- Si tiene varias semanas de atraso, solicite apoyo académico externo —lo inscribe a cursos, talleres, lo lleva con un pedagogo, etcétera— para nivelarlo en el curso.
- Supongamos que su hijo tiene dificultades con alguna asignatura, aun cuando ha estudiado y realizado sus actividades. En este caso, los padres pueden hacer algo para que se sienta animado, como recibirlo con un cartel que diga "tú puedes"; o hacen alguna actividad juntos para felicitarlo por su esfuerzo en la jornada escolar. Se le aplaude cuando logra realizar correctamente una actividad de esa materia, etcétera. Solicite apoyo profesional para nivelarlo o averi-

guar qué está sucediendo; por ejemplo, que hijo podría necesitar anteojos.

- Cuando su hijo tiene dificultades para hacer una tarea, ¿le es fácil solicitarle su ayuda o no la pide?
- Si reprobó una materia y no se enteró a tiempo, tómelo como un aviso de que tienen que fortalecer la comunicación entre ustedes.

Recuerde que para el niño es importante que valore y apoye sus progresos, tanto escolares como de actividades cotidianas. El niño sabrá que cuenta con su apoyo si sus padres: a) celebran las cosas que su hijo sabe hacer mejor, b) le ayudan a recordar experiencias positivas, c) si su hijo participa en actividades deportivas o en grupos de exploradores y ustedes lo acompaña a los eventos especiales. Sugerimos que:

- En reuniones con otros adultos (familiares, amigos cercanos, entre otros), le brinde la oportunidad de convivir, de saludar, solicitar ayuda, hacer preguntas y, en general, de dirigirse a los adultos.
- Cuando presente su familia a otras personas, incluya también a su hijo, "no se lo salte". Se recomienda que al hacerlo se incline a la altura de su hijo y luego de llamarlo por su nombre, le presente a las otras personas.
- Siempre que sea posible llévelo con usted, evite dejarlo solo, encerrado o encargado con la primera persona que tuvo a la mano.
- Algún día llévelo a su trabajo. Elija un horario en el que pueda compartirle su lugar de trabajo por unos momentos.
- Enséñele que puede participar en conversaciones de adultos; puede introducirlo a la conversación haciéndole preguntas que él pueda responder o pidiendo su opinión.
- Cuando vea alguna película, acompáñele. Se sugiere que se muestre atento, explique las palabras que no haya entendido o si existe alguna trama que no le queda clarificada, explíquela de manera clara y simple; promueva confianza en su hijo para que le pregunte lo que no entienda de la "peli". Por ejemplo, hágale saber que existen películas que usted tiene que ver más de una vez para entender o que hay momentos que no entendió y que se vale preguntar a otros.
- Muestre respeto por sus triunfos, preocupaciones y opiniones. Ejemplo, sí se le murió su lagartija que cuidaba en su jardín, dele la justa importancia a la situación, no ignore sus sentimientos.

d) Propiciar destrezas que le ayude a adquirir amigos. En cada ocasión en la que su hijo se encuentre con otros niños, se presenta una oportunidad para que ponga en práctica sus habilidades sociales. Es importante que su hijo pueda interactuar con otros de manera adecuada; como padre puede favorecer el desempeño de su hijo, ayudándole a desarrollar habilidades sociales. A continuación se presentan algunas actividades que pueden llevar a cabo:

1. Muéstrele como iniciar conversaciones empleando preguntas que facilitan la interacción. Algunos ejemplos de las frases que puede emplear al jugar con su hijo, son las siguientes: "¡Hola!, ¿puedo jugar?"; "¡hola, que padre lo que hacen! ¿me invitan a jugar?"; "¡hola!, ¿puedo jugar con ustedes?" Su hijo aprenderá a utilizar estas frases para acercarse al juego y las empleará al estar con otros niños.

2. Es importante que su hijo reconozca y diga a sus compañeros de juego, las opiniones positivas que tiene sobre su desempeño; sugiera a su hijo brindarles una opinión amable; por ejemplo: "¡que golazo!", "¡felicidades!"; "¡qué ingenio tienes!", "¡buen juego amigos!"

3. Durante el juego, su hijo llevará a cabo conductas que ha aprendido en casa, sobre todo aquellas que realizan durante una diversión. Es importante que desde ahí lo enseñe. Edúquelo para recibir a otros niños con una sonrisa, a compartir y a jugar en equipo, para divertirse. Recuerde que gran parte de su aprendizaje la obtendrá por medio de los ejemplos que le brinden en su hogar.

4. Sugiera a su hijo que se establezcan las reglas del juego desde el inicio, que queden establecidos los turnos de cada integrante, las actividades de cada quién, que pongan en orden quien tirará los dados, etcétera.

5. Enseñe a su hijo a expresar las situaciones que no le parecen justas o con las que no está de acuerdo, pero siempre sin agresión. Puede indicar frases como: "te adelantaste, regresa a la casilla anterior y espera tu turno"; "la verdad ya estoy muy cansado, ¿jugamos mañana?"; "ayer jugaste tú con el carro rojo, me gustaría usarlo hoy", "la verdad, la otra vez te presté mi muñeca y la ensuciaste mucho, te la prestaré sólo si prometes regresarla limpia".

6. Sugiera a su hijo que se refiera al nuevo compañero de juego por su nombre.

7. Procure que su hijo tenga compañeros de juego con edad similar a él, para evitar desequilibrio en fuerza, intereses y habilidades, entre otras.

8. Entrénelo para que durante el juego preste atención, ayude y coopere con sus compañeros. Cuando jueguen juntos, pídale que le ayude a acomodar las cosas que necesiten para jugar (balón, tablero, fichas).

9. Cuando vayan a realizar algún juego en casa, pregúntele qué le gustaría jugar a él y a los otros, y entre todos lleguen a un acuerdo. Asegúrese que no siempre se elija el juego que su hijo propone y viceversa, que en alguna ocasión sí se decidan por el juego que su hijo sugiere. Esto le enseñará a proponer juegos y también aceptar las propuestas de otros.

10. Si su hijo participa en algún juego en el cual se gana o se pierde, enséñele a su hijo a reconocer su habilidad para ganar y a reconocer también en su compañero la habilidad para ganar. Es importante que su hijo conozca que no siempre se gana o se pierde y que la finalidad del juego abraca no sólo rebasar a los demás, sino hacerlo por la mera diversión de jugar, de estar con otros durante el juego, convivir con la familia y amigos, entre otras ventajas.

Si su hijo se encierra jugando videojuegos o viendo televisión, reduce la oportunidad de convivir con otros niños, por lo que procure establecer junto con sus hijos, horarios para ver la TV o una cantidad de tiempo límite.

Es importante que se asegure de que su hijo tenga otras actividades que hacer cuando no vea la televisión o juegue videojuegos, pues si no se sentirá castigado con la aplicación de la técnica de *costo de respuesta*. Si tiene hermanos, asegúrese que tengan juegos que puedan realizar juntos; también inscríbalo a talleres o cursos propios para su edad: talleres de manualidades, cocina, cursos de natación, tae kwon do, etcétera.

EDUCAR EVITANDO CREENCIAS SEXISTAS

Se ha identificado consistentemente que la conducta bullying se presenta en niños que actúan de manera racista o machista y que las víctimas presentan más conductas de sumisión. Además de ello, se ha identificado que los niños que no se involucran como agresores y tampoco como víctimas en episodios de bullying, son alumnos que tienen la capacidad de expresar sus emociones sin vergüenza, así como cuidar de otros y trabajar bajo presión.

Los niños aprenden lo que ven en casa; luego, la educación sin sexismo tiene que comenzar en el hogar, por lo que ambos padres tienen el derecho de participar activa y cotidianamente en la educación y cuidado de los niños: preparar comida, asearlos, jugar, conversar, revisar su avance académico, acompañarles en sus tareas de casa y escolares, entre otros.

Al promover en su hijo la participación en tareas de casa como poner y quitar la mesa, vestirse, desvestirse, recoger su ropa, levantar sus juguetes –sin importar que exista una persona que ayude en los quehaceres en casa–, promueve en el niño un desarrollo sin machismo, enseña que "todos pueden cooperar" en el mantenimiento del hogar, sin importar el sexo.

Es importante que evite caer en actitudes sexistas, como establecer diferencias entre hijos e hijas, exigiendo más a los niños y sobreprotegiendo más a las niñas o viceversa.

PRACTICANDO

Como se mencionó anteriormente, para proteger a su hijo del bullying, existen actividades que puede hacer cotidianamente.

El realizar registros ayuda a identificar los comportamientos que pueden favorecer a su hijo para mejorar su desempeño académico, su relación con los otros y para evitar que realice conductas de bullying o pueda ser víctima. Es importante que realice el llenado del registro durante al menos un mes, revisándolo cada semana, para conocer cuáles de las conductas no está haciendo su hijo y que deben ser fortalecidas.

El siguiente registro le permitirá detectar si su hijo tiene problemas escolares, además de plantearle alternativas para evitar que su hijo repruebe.

	Lun.	Mar.	Mié.	Jue.	Vie.	Sáb.	Dom.
Conductas que (papá/ mamá) realizo para conocer el avance académico de mi hijo.							
Antes de iniciar la tarea, reviso la cantidad de ejercicios que responderá el niño.							
Le acompañé durante la realización de su tarea y de vez en vez, me acercaba para cerciorarme que la hacía sin distracciones.							
Cuando no entendió algo, se lo expliqué; sin embargo, no hice la tarea por él.							
Le brinde ayuda cuando me la solicitó.							
Cuando finalizó su tarea, revisé que estuviera limpia, ordenada y completa.							

Al finalizar su tarea me aseguré que guardara todo en su mochila, colocándole cerca las tareas que no cabían.							
Cuidé que recogiera todo lo que empleó							
Negocié con él que hiciera su tarea antes de jugar.							
Al termina su tarea, le permití decidir a qué actividad de ocio dedicarse.							

La siguiente lista le permitirá tener una visión sobre el valor que en casa se da a los progresos del niño; identifique las actividades que realiza o no durante la semana. Su hijo debe saber lo valioso que le son sus logros.

Conductas del padre y madre	Lun.	Mar.	Mié.	Jue.	Vie.	Sáb.	Dom.
Hoy elogié a mi hijo cuando hizo algo bien.							
Hoy le recordé alguna anécdota en la que resolvió atinadamente alguna situación.							

Hoy le di alguna sugerencia (sin criticar) para mejorar en algo específico.							
Hoy pude identificar que, aunque mi hijo a veces se porta mal, en muchas otras ocasiones se porta muy bien.							
Hoy reconocí que mi hijo tiene fortalezas.							
Hoy no le critiqué su forma de hablar, de vestir, de pensar, la selección de programas, etcétera.							

Tener redes sociales disminuye la probabilidad de que un niño sea violentado por sus compañeros escolares. A veces los padres de familia no perciben a tiempo que sus hijos no tienen amigos, o que se aíslan mientras otros niños juegan.

Observe a su hijo cuando esté con otros niños y registre cuáles de las siguientes conductas presenta; agregue los días entre semana en que pueda observar a su hijo jugando con otros.

Cuando mi hijo juega con otros	Viernes	Sábado	Domingo
Comparte objetos o juguetes con sus compañeros de juego.			
Se ríe o sonríe al jugar.			
Respeta turnos.			
Acepta, sin agresión, cuando pierde en el juego.			
Aun estando con otros niños, él se aísla y juega solo.			
Respeta las reglas.			
Interacciona con ellos, les hace preguntas.			
Responde a los comentarios y preguntas de los otros sin agresión.			
Les ignora cuando le hablan.			
Expresa su descontento, sin agresión, cuando algo no le parece.			

Llama a sus compañeros de juego por su nombre y no les pone apodos.			
Durante el juego muestra conductas de cooperación hacia sus compañeros.			
Aporta ideas al juego y sus compañeros le hacen caso.			
Cuando otros aportan ideas, él las apoya sin discutir.			

Revisando los avances

Los registros le permitirán conocer más a su hijo en el área académica y social, así como ponderar el mérito que le da a su hijo. Esto último es importante, ya que cuando no se valora a un hijo –se cree que todo hace mal, se percibe que no puede cumplir con la mayoría de las metas; lo consideran miedoso y que fracasa constantemente–, el niño lo asumirá como cierto.

Durante el mes siguiente, lleve a cabo el llenado de los registros. Si observa que la mayoría de las conductas no son emprendidas, ya sea por su parte o por parte de su hijo, revise nuevamente las sugerencias presentadas en este capítulo para aumentarlas y mejorar con ello el desempeño académico y la relación de su hijo con los otros niños, así como la relación padre-hijo. Recuerde que hacerlo también ayudará para disminuir las posibilidades de que su hijo realice conductas de bullying o sea una víctima.

PARTE 3

ADICCIONES

Introducción

En la niñez media, de seis a 12 años, es normal que el niño muestre interés por el mundo que lo rodea y que se encuentra más allá de su casa.

Quiere estar al tanto de lo que pasa y cada vez se integra a un esquema en donde tener información es prioridad; el niño pregunta por cosas que escucha en la radio, televisión o en pláticas de mayores y trata de tener claros los conceptos que escucha. Por ello, este es un buen momento para empezar a explicarle que existen sustancias cuyo consumo es dañino, tales como medicamentos no recetados, venenos, detergentes o productos de limpieza; así como el tabaco, el alcohol y otras drogas, entre otras.

A temprana edad es importante enseñarle que todo lo que se ingiere y no es alimento en buen estado o un medicamento recetado por un especialista, puede provocar serios problemas en el organismo. Por ejemplo, que las drogas interfieren con la forma en que trabaja nuestro cuerpo y pueden afectar a una persona, incluso hasta causarle la muerte; o que llevar un objeto a la boca puede causar problemas como asfixia o intoxicación.

Por lo tanto, es importante enseñar a sus hijos a cuidar de su cuerpo y su salud y felicitarlos cuando evitan cosas que pueden causarles un malestar.

Mucho de lo que el niño hace es por imitación, por lo que sus cuidadores y sus padres, deben estar atentos de la cantidad de alcohol que consumen, pues a través de ellos el niño aprenderá la cantidad de tragos que "se pueden tomar", "cuándo se bebe", "dónde está permitido beber" y sobre todo aprenderá las estrategias de moderación que las personas cercanas a él emplean, además de forjar una postura de intolerancia o aprobación hacia el consumo de cualquier otro tipo de droga.

Mantener una posición de desaprobación respecto al uso de las drogas ilegales, así como el evitar excesos en el consumo de las drogas legales como el alcohol o el tabaco, en las diversas situaciones donde se ingieren (fiestas familiares, navidad, el brindis de la boda, consumo en casa, etcétera), facilita que los niños aprendan que el consumo se debe realizar de manera racional (en total abstinencia o en situaciones específicas y consumiendo moderadamente); por lo cual se sugiere que se mantenga esta posición respecto al consumo de drogas.

Independientemente, puede hablar con su hijo para explicarle brevemente las razones por las cuales mantiene esta postura. Usar frases como: "hoy no voy a tomar nada porque me toca conducir, y si tomo no estaré en condiciones adecuadas para hacerlo", "tomaré poco porque mañana tengo que ir al trabajo y si tomo más, tendré resaca"; "dejaré de fumar porque eso me hace más propenso a enfermarme", "tomar alcohol no es tan bueno como parece, porque a largo plazo daña el hígado, puede causar gastritis".

Cuando su hijo cuenta con esta información podrá conocer mejor las implicaciones de consumir alcohol y aumentará las posibilidades de que en un futuro él realice consumo de alcohol u otras drogas, sin llegar al abuso o dependencia.

Es importante que conteste a las dudas que puedan surgir en su hijo sobre las razones por las cuales algunas personas consumen de más. Recuerde que durante la edad escolar los niños sienten curiosidad por varios temas y que usted le hable de las drogas, aun cuando su hijo no haya consumido nunca, busca favorecer el que no consuma o lo haga de manera moderada. Y que lo piense cuando sea mayor y tenga que enfrentar esta circunstancia en alguna reunión de amigos.

Es recomendable recurrir a la curiosidad del niño para hablarle de las consecuencias negativas que se producen a causa del consumo de drogas durante la adolescencia y adultez, como peleas con los familiares, accidentes automovilísticos, bajo rendimiento escolar, etcétera; que si bien no afectarán al niño en este momento de la vida, son consecuencias que pueden sufrir cuando sean mayores.

A los niños de esta edad les atrae saber cómo funcionan las cosas y seguramente les interesaría conocer cómo afectan las drogas a quien las ingiere, desde las consecuencias inmediatas –pérdida de equilibrio, alucinaciones, cambios en el estado de humor, etcétera–, hasta las que se presentan a largo plazo, como daños en el hígado, pulmones y bronquios; disminución de las defensas del cuerpo, muerte neuronal y problemas de memoria, entre otras) Es necesario que el niño comprenda que no sólo las drogas son peligrosas sino cualquier otra cosa que se ingiere en exceso, como dulces, picantes, azucares o refresco, etcétera.

Para proteger a su hijo de las drogas es recomendable que conozca quiénes son los amigos de su hijo y se mantenga informado de las actividades que realizan juntos, así como de los lugares a los que asisten, con el objetivo de saber qué tan cerca puede estar su hijo de las drogas. Por ello también se recomienda conocer a los padres de los amigos de su hijo, saber quiénes son y su postura respecto a las drogas y si alguno de ellos consume alguna, en cuyo caso su hijo estará más expuesto al alcance de la misma.

Por último, es importante que los padres estén informados de manera confiable, mediante revistas científicas, bases de datos en Internet o asesorados por un especialista, sobre el tema de las drogas, para que así puedan resolver claramente las dudas que tengan sus hijos.

Estas son algunas páginas que puede consultar. En ellas se proporciona información clara y veraz sobre el tema de las drogas:

- http://www.conadic.salud.gob.mx/pib/familias/folleto_familia.html (folleto para familia)
- http://www.conadic.salud.gob.mx/pib/prev.html (prevención)
- http://www.conadic.salud.gob.mx/pib/faqs_drogas.html (información drogas)
- www.conadic.gob.mx

TEMA I
INFORMACIÓN Y EDUCACIÓN SOBRE EL USO DE SUSTANCIAS Y NIVELES DE CONSUMO

PROPÓSITO

Usted conocerá un panorama claro de las drogas: lo que son, los diferentes tipos que existen y las consecuencias que se pueden presentar a causa de su consumo.

¿QUÉ SON LAS DROGAS?

Son aquellas sustancias que al ser ingeridas por las personas, generan cambios en el funcionamiento de su organismo, principalmente en el sistema nervioso y, por lo tanto, originan cambios en su comportamiento.

El consumo de drogas legales e ilegales, se puede presentar de diferentes formas o en diferentes niveles; es decir, que no todas las personas consumen de la misma forma, sino que hay quienes consumen más que otros y las razones que los llevan a hacerlo también son diferentes. De ahí que se pueda hablar de un proceso de adicción y de niveles de consumo. Para tener más claro estos conceptos podemos ayudarnos de lo siguiente:

Suponga que el consumo de alcohol se representa como una pirámide formada de tres niveles. En la base de la pirámide se ubica el *uso,* el cual implica consumir de manera poco frecuente y moderada –entendiendo como moderación dos o tres cubas o cervezas por cada ocasión que se consume–, el motivo por los cual se consume tal vez sea la curiosidad, o brindar por algún logro alcanzado, entre otros, y existen pocos problemas relacionados con su consumo, como dolor de cabeza al día siguiente, resaca, malestar estomacal, etcétera.

Un nivel más arriba se ubicará el nivel de abuso, en donde se toman más de tres cubas o cervezas por ocasión. Se hace tal vez para divertirse y cada vez el consumo es más frecuente; además se empieza a desarrollar *tolerancia*; es decir, los efectos que produce el alcohol son cada vez menores y, para obtenerlos, se requiere consumir más de lo que se hacía inicialmente, algunas personas lo mencionan como poder "aguantar más". Sin embargo, en este nivel se pueden presentar algunos problemas por la forma de beber; por ejemplo, accidentes automovilísticos, relaciones sexuales no deseadas, gastos no previstos en bebidas alcohólicas, etcétera.

Finalmente, en la punta de la pirámide se ubica la *dependencia.* Los individuos que se encuentran en este nivel necesitan estar consumiendo frecuentemente para sentirse bien; sin embargo el consumir les van generando graves problemas como discusiones y peleas constantes con familiares, amigos y personas cercanas, problemas en el trabajo –o la pérdida del mismo–, problemas con la policía, arrestos, etcétera.

Sin embargo el dejar de consumir de manera repentina les puede generar ciertos malestares como sudoración, temblores, ansiedad, fuertes dolores de cabeza, etcétera, por lo que probablemente seguirán consumiendo a pesar de los problemas que les genera el consumo. La figura 1 muestra estas fases de la pirámide.

Figura 1. Pirámide de los niveles de consumo de sustancias adictivas.

El que una persona haya iniciado el consumo de alcohol u otra droga, no implica que irremediablemente terminará siendo dependiente. Aun cuando se ha iniciado en el uso de sustancias, una persona que abusa del alcohol u otras drogas, puede regresar al nivel de uso; o alguien que presenta dependencia puede dejar consumir, aunque para ello generalmente requieren de terapia.

Es importante recordar que las consecuencias negativas del uso no sólo se presentan con el consumo excesivo, sino que se pueden presentar en cualquiera de los niveles.

¿QUÉ TIPOS DE DROGAS EXISTEN Y CUÁLES SON SUS EFECTOS?

Existen diferentes tipos de drogas que se pueden clasificar de distintas formas. Por ejemplo: legales –alcohol y el tabaco– e ilegales como la marihuana, la cocaína, las anfetaminas, los inhalables, entre otras.

Aunque también se pueden clasificar de acuerdo con sus efectos, por ejemplo: a) sedantes o depresores como el alcohol, la marihuana, anestésicos, y las benzodiacepinas; y b) estimulantes como la cocaína, las anfetaminas, la nicotina que está contenida en el tabaco o la cafeína.

Hay otra división: drogas que afectan la conducta y drogas que no la cambian.

A continuación se presentan algunas de estas sustancias y algunos efectos que cada una de ellas provoca.

Sustancia	Efectos a corto plazo
Alcohol	Desinhibición Relajación Felicidad Disminución de la memoria Disfunción sexual Incrementa el riesgo de accidentes Pérdida de equilibrio
Tabaco	Aumento de la frecuencia cardiaca y la presión arterial Aumento de la salivación Desaparición del hambre Mantiene el estado de alerta Incrementa el riesgo de enfermedades pulmonares
Marihuana	Alteración de la percepción Dificultad para coordinar movimientos Alucinaciones Alteración de la memoria Aumento de la frecuencia cardiaca Enrojecimiento de ojos
Inhalables	Desaparición del hambre Relajación Alteración de la percepción Mareos Alucinaciones
Cocaína	Incrementa estados de alerta Aumento de la actividad Taquicardia Incremento de la temperatura Sensación de felicidad Ansiedad

MATERIALES

- Hoja de evaluación
- Registro de consumo de drogas legales e ilegales

ACTIVIDAD PARA APRENDER
¿Qué tan claro ha quedado todo?

Conocer los efectos de las drogas es importante porque le permitirá tener información sobre el tema y podrá dar argumentos del por qué el consumo de alcohol u otras drogas es dañino. Para saber qué tan claro ha quedado la información presentada en este apartado, realice la siguiente actividad:

De acuerdo con lo revisado anteriormente, lea cada uno de los conceptos o frases de la tabla de abajo. Después trace una línea que relacione los conceptos de la columna izquierda con los de la columna derecha, de manera que concuerden con la información revisada.

Drogas legales.	Uso moderado.
Drogas ilegales.	Tolerancia.
Consumir frecuentemente y más de tres cubas o cervezas por ocasión.	Drogas sintéticas.
Tomar tres cubas o cervezas por ocasión, no más de dos veces por semana.	Abuso.
"Aguanta a tomar más".	Alcohol y tabaco.
Alcohol y marihuana.	Sedantes o depresores.
Cocaína, nicotina y cafeína.	Estimulantes.
Taquicardia, felicidad y ansiedad.	Efectos de la marihuana.
Alucinaciones y alteración de la memoria.	Efectos de la cocaína.
Relajación y desinhibición.	Efectos del tabaco.
Desaparición del hambre y aumento en la salivación.	Efectos de inhalables.
Mareos y alucinaciones.	Efectos del alcohol.

PRACTICANDO

Busque información sobre las drogas en alguna de las páginas sugeridas y complete el siguiente cuadro, comparando la información que obtuvo con la información revisada en este tema:

Diferencias encontradas en la información de la revista y lo que leyó en la introducción (escriba al menos dos).	Similitudes encontradas entre la información revisada y la información que se presentó en la introducción (escriba al menos dos).	Qué aprendió a partir de las diferencias y las similitudes (escriba al menos un comentario de cada una).

Recuerde que mientras más indague, mayor claridad tendrá sobre la información.

REVISANDO LOS AVANCES

Durante la semana asigne un tiempo para registrar su consumo de alcohol durante el mes pasado. Usted será la única persona que conozca las cantidades anotadas y tenerlas le ayudará a identificar su nivel de consumo (uso, abuso, dependencia). Para facilitar el llenado del registro se sugiere que se base en lo que la Organización Mundial de la Salud (OMS) tiene definido como trago o copa estándar, esto es:

- Un caballito de tequila.
- Una cerveza de 350 ml.
- Una cuba con dos dedos acostados de cualquier destilado en un vaso de 350 ml., con el resto del refresco que prefiera.
- Una bebida preparada como New Mix, Presiden Cola, etcétera.

La realización de este ejercicio es importante porque le permitirá conocer su consumo personal, teniendo en cuenta que el tener un consumo moderado es un buen ejemplo para sus hijos.

Además, para tener más clara la información del registro podría agregar cosas como: con quién se encontraba al momento de ingerir alcohol, cómo se sentía y cuáles fueron los beneficios y desventajas del consumo.

Semanas del mes/día	Lunes	Martes	Miércoles	Jueves	Viernes	Sábado	Domingo
1a.							
2a.							
3a							
4a.							

Tema 2
Prevención de adicciones en la niñez

Propósito

Que conozca y aprenda a emplear algunas herramientas que son útiles para prevenir adicciones en su hijo desde la niñez.

La prevención se puede entender como un conjunto de acciones y estrategias cuyo fin es evitar que aparezca una conducta. La mayoría del tiempo estamos previniendo; por ejemplo, utilizando un cinturón de seguridad evitamos probables fracturas o golpes en los accidentes automovilísticos; prevenimos enfermedades al utilizar ropa abrigadora durante el invierno; se previenen quemaduras en niños al no dejarlos entrar a la cocina o prohibiéndoles acercarse a la estufa cuando "mamá cocina", etcétera.

Las adicciones también se pueden prevenir desde la niñez pero, para lograrlo, los padres deben estar informados, empezando por conocer claramente el tema antes de compartirlo con los niños.

En el tema anterior ya examinamos los efectos inmediatos que causan algunas drogas y con la información que investigó ha llegado a un punto en el que tiene elementos para responder qué son las drogas y cuáles son sus efectos.

En este caso, la prevención se entendería como los elementos que se deben tomar en cuenta y poner en práctica, para que los niños desde pequeños sepan enfrentar problemas, puedan mantener una comunicación cercana con su familia, aprendan a tolerar situaciones difíciles en el futuro; aprendan a decir no cuando alguien los invite a consumir cosas que ellos no desean como las drogas. Y puedan enfocar estas herramientas en su desarrollo y así, el uso de alcohol, tabaco u otras drogas ilegales, no lleguen a ser un problema en el futuro.

Para poder llevar a cabo estas acciones los padres deben estar informados sobre cómo proteger a sus hijos; es importante establecer medidas preventivas a edades cada vez más tempranas, de tal forma que nos anticipemos a la aparición del problema. A continuación presentamos algunos factores que, según el Consejo Nacional contra las Adicciones (CONADIC), pueden ayudar a que los niños no se involucren en conductas adictivas.

¿QUÉ HACER COMO PADRES PARA PREVENIR EL CONSUMO DE ALCOHOL Y OTRAS DROGAS?

- **Mostrar con el ejemplo, mediante la abstinencia o realizando un consumo moderado de alcohol.** Este punto se refiere a la postura que los padres tiene sobre el consumo de alcohol; si el niño crece en un ambiente donde consumir alcohol es tolerado y es bien visto; es decir que el padre o la madre consumen con frecuencia o no hay moderación en la cantidad que se consume (más de tres copas por ocasión), tal vez el mensaje que el niño esté entendiendo es que el tomar alcohol en exceso no es algo malo.

  Si por el contrario en la familia se tiene una postura donde no se consume alcohol (abstinencia) o se toma de manera moderada, el niño seguramente no tendrá contacto con este tipo de droga.

- **Evitar por completo el consumo de drogas ilegales.** La principal manera en que aprenden los niños es imitando. Si ellos ven a su papá o mamá consumir alguna droga ilegal (marihuana, cocaína, etcétera), esto no les parecerá inadecuado. Y por el contrario, si no observan a sus padres consumir drogas ilegales en casa, considerarán el consumo de éstas como algo malo o inadecuado.

- **Tener una postura de intolerancia ante el consumo de drogas.** Se trata de que su postura ante el tema no cambie, sea cual sea la circunstancia; por ejemplo, si algún conocido consume drogas es lo mismo que si alguien lejano las consume, así el niño entenderá que el daño es igual en cualquier persona. O si por alguna razón surge el tema de las drogas mantenga la idea de que no está de acuerdo de ninguna manera con este consumo.
- **Cuando su hijo pregunte, explique los riesgos principales de consumir drogas.** Los niños son curiosos por naturaleza, así que si alguna vez escuchan algo relacionado con el tema de las drogas, seguramente querrán saber a qué se refiere y tener más información al respeto; cuando esto suceda lo mejor es explicar al niño de qué se trata (quizá sin dar demasiados detalles en el momento). Por ejemplo: "son sustancias que hacen daño al organismo" o "son sustancias que las personas no deben de probar porque pueden enfermar".

  Es importante no evadir el tema, pues esto seguramente causará al niño más curiosidad y no acudirá a sus padres para obtener información. Recuerde que la explicación dada a su hijo dependerá de la edad de éste. Con mayor edad, el niño puede participar en una discusión más elaborada.
- **Asignar responsabilidades a cada hijo de acuerdo a su edad.** Una de las razones por las que se inicia en el consumo de la droga es porque el individuo se siente incomprendido y, consumiendo algún tipo de sustancia, ese sentimiento desaparece. Para que esto no ocurra es importante que desde pequeños les demos algunas responsabilidades de tal manera que el niño sea el único que deba realizarla y por tanto el resultado dependa sólo de él, así se sentirá útil y, poco a poco, comprenderá que él es importante y tiene un valor único en la familia, evitando el sentimiento de incomprensión.
- **Elogiar los logros de sus hijos.** Seguramente como padre ha aprendido ya a apreciar los logros o capacidades de su hijo, así como las áreas en las que tiene dificultades. Por ejemplo: "su hijo es bueno en la parte académica, pero en los deportes tiene que esforzarse un poco", o "le sale la tarea perfecta pero batalla en recoger sus juguetes", etcétera. En capítulos anteriores usted aprendió lo que es una recompensa y por tanto en este momento tiene más elementos para saber cuándo es importante reconocer los logros de su hijo.

- **Involucrarse en las actividades que les interesan en las diferentes etapas de su desarrollo.** Para el niño es importante tener a sus padres caminando de la mano en su desarrollo; es significativo crecer con ellos y conocer sus gustos, de tal manera que los padres sepan cuando es pertinente dejar de jugar ciertos juegos y a medida que dejan de interesarle aprender nuevas cosas que le importen.
- **Saber quiénes son sus compañeros de clase y conocer a sus amigos.** La mejor manera de conocer el entorno en el que el niño se desarrolla, es saber quiénes son sus amigos, quiénes sus compañeros del salón o con quién convive en las diferentes actividades que realiza; por ejemplo, vecinos o compañeros de algún club. Esto sirve para tener una idea de las cosas que su hijo puede aprender o hacer con cada persona.
- **Ser tolerante ante los cambios propios de cada edad.** Es fundamental que los padres sepan distinguir los cambios propios de la edad de sus hijos y no se confundan con los cambios que producen los efectos del consumo de drogas. Hasta ahora sabemos que en la edad escolar encontraremos conductas de egocentrismo; luego, de curiosidad y, después, de querer saber qué pasa a su alrededor; ya en los últimos años finaliza con el conocimiento de su entorno. Usted debe tratar de entender el proceso por el que su hijo está pasando en vez de juzgarlo o creer que se trata de una conducta inapropiada.
- **Ser ejemplo para sus hijos de manera congruente.** Como ya se ha mencionado, los niños aprenden viendo a los mayores, por tanto los padres deben ser los primeros en poner el ejemplo de lo que deben hacer sus hijos.
- **Fomentar y practicar deportes y actividades culturales.** Según estudios recientemente realizados, se habla de que la inteligencia del niño aumenta a medida de que va descubriendo nuevas formas de hacer algo. La realización de actividades como pintura, música o el practicar algún deporte, además de estimular la inteligencia, le permitirá estar ocupado en cosas que lo ayuden a tener un buen desarrollo.
- **Responder lo más claro posible a las dudas de sus hijos y, si es necesario, solicitar ayuda de un profesional.** Es importante que la información que le proporcione a su hijo sea verdadera, pues tarde o temprano sabrá por sus medios la respuesta al cuestionamiento que le hizo. Es vital que se le responda al niño de una manera clara –de

acuerdo a su edad– y no se le desvié con una contestación como: "¿para qué quieres saber eso?" o "esas no son cosas de niños", etcétera.

Y si no tiene una idea clara de la respuesta que quiere dar a su hijo es mejor que primero investigue, ya sea en libros, Internet o preguntando a algún profesional en el tema. Evite dar información incompleta o poco veraz. Esto sirve para que su hijo siga teniéndolo como el principal proveedor de conocimiento, aumente la confianza en sus palabras y, por supuesto, no vaya a buscar respuestas sobre temas como el de sustancias adictivas, con otras personas.

MATERIALES

- Hoja con enunciados falsos y verdaderos.

ACTIVIDAD PARA APRENDER
Prevenir el consumo de alcohol y otras drogas en mi hijo

A partir de lo leído, señale si lo escrito en el enunciado es falso (F) o verdadero (V), es decir, si *no debe realizarse* o debe realizarse, para que usted pueda prevenir en su hijo respecto al consumo de alcohol y otras drogas:

1. Consumir alcohol en grandes cantidades y constantemente. . . . . ( )
2. Evitar completamente el consumo de drogas ilegales. . . . . ( )
3. No establecer normas sobre el consumo de drogas . . . . ( )
4. Explicar a su hijo los riesgos de consumir drogas. . . . . ( )
5. No asignar responsabilidades a su hijo. . . . . ( )
6. Ignorar los logros de los hijos. . . . . ( )
7. Involucrarse en actividades que le interesan a su hijo. . . . . ( )

8. Mantenerse al margen de los amigos
   y compañeros de los hijos. . . . . ( )
9. Ser tolerante ante los cambios
   propios de la edad de su hijo. . . . . ( )
10. Fomentar y practicar deportes
    y actividades culturales. . . . . ( )
11. Tener congruencia
    en hechos y actos. . . . . ( )
12. Cuando su hijo tenga dudas,
    responderle aunque no conozca
    adecuadamente la información. ( )

PRACTICANDO

Reflexione respecto a los enunciados que acaba de leer y señalar como falsos o verdaderos. Considere las siguientes preguntas para hacerlo:

- ¿Cuáles calificó como verdaderos; es decir, cuáles considera que deben hacerse tal cual están escritos?
- ¿Lleva a cabo adecuadamente cada uno de ellos?
- ¿Cuáles podrían ser las consecuencias de realizarlos así?
- ¿Cuáles podrían ser las consecuencias de no realizarlos?
- ¿Cuáles marcó como falsos; es decir, cuáles no deben hacerse tal cual están escritos?
- ¿Realiza alguno de los que marcó como falsos?
- ¿Cuáles podrían ser los resultados de realizarlos así?
- ¿Cuáles podrían ser las repercusiones de no realizarlos como se recomienda?

REVISANDO LOS AVANCES

En el transcurso de la semana identifique cuántas veces su hijo realiza lo siguiente:

- Le expresa alguna duda o le cuenta acerca de algo que acaba de conocer.

- Le comenta que desea parecerse a usted en algo: fuerza, inteligencia, forma de cocinar, paciencia, etcétera.
- Hace alguna actividad o trabajo en casa de forma adecuada, como sacar al perro, ayudarle a hacer la lista del mandado, recoger su cuarto, tender su cama, etcétera.
- Se alegra de que alguien en casa lo elogie por alguno de sus logros, como subir de calificación, subir de cinta en tae kwon do, ser elegido para una obra en la escuela, etcétera.
- Habla de sus amigos y las actividades que realiza con ellos.
- Se involucra en actividades culturales o deportivas.

Cada una de estas conductas puede ayudarle a evaluar cómo se encuentra la relación con su hijo. En la medida en que el niño presente estos comportamientos, es indicativo de que se encuentra mejor la relación.

Tema 3
Factores protectores

Propósito

Usted conocerá los factores que pueden ayudar a evitar que su hijo realice conductas que pueden afectan su desarrollo, así como actividades que fortalecen esos factores.

Jessor (1993) menciona que los factores protectores se pueden definir como los recursos personales, sociales e institucionales, que favorecen la competencia, promueven un desarrollo individual exitoso y disminuyen la posibilidad de involucrarse en conductas problema.

En el tema anterior se revisaron algunas actividades que sirven para prevenir el consumo de alcohol u otras drogas en los niños, estos puntos sirvieron para aclarar el panorama de las adicciones y saber qué postura funciona mejor para evitar que en el futuro su hijo tenga problemas relacionados al consumo de drogas.

Existen varios elementos que facilitan el desarrollo adecuado de los niños, mejorando la relación con los padres y evitando que el niño presente conductas que puedan ser dañinas para sí mismo y para otras personas: constantes peleas con compañeros, consumo de sustancias, poco interés en actividades escolares o familiares, poca participación en la realización de las actividades y quehaceres del hogar, etcétera.

Los principales factores protectores son:

a) **Comunicación**

Lo primero que se debe lograr es una *buena* comunicación. La habilidad de comunicarse implica poder expresar pensamientos, sentimientos y necesidades de una manera clara y precisa, para que el oyente pueda recibirlos y entenderlos. Los niños aprenden esta habilidad principalmente de sus padres, por eso, es importante que los padres se comuniquen entre ellos y con su hijo, de una manera adecuada.

b) **Tomar en cuenta el punto de vista de los hijos**

Permitirle al niño opinar y expresar su punto de vista aumenta su autoestima, fortalece su autonomía y le permite adquirir responsabilidad respecto a lo que ha opinado.

Esto se logra poco a poco, comenzando por escuchar opiniones de los niños sobre las cosas que hizo en el transcurso del día, respecto a sus actividades favoritas; sus gustos, por ejemplo, en relación con el desempeño de un equipo de fútbol durante un partido; cómo valora las cosas que hace algún personaje de una película; su opinión sobre alguna caricatura o película vista recientemente, etcétera.

Cabe preguntarles qué opinan respecto a ciertas decisiones familiares, aunque parezca que no conciernen, como el color del cual se pintará la casa, las ventajas de mudarse, el lugar más apto para pasar las próximas vacaciones, entre otras. Por supuesto hay que permitirles tomar decisiones que los afecten directamente, como cuál película rentar para ver el fin de semana; si compran nieve o galletas, inscribirlo a un curso de verano o a un campamento de verano o llevarlo a cursos de regularización todos los días o al curso sabatino, etcétera.

Cuando el niño opina y su punto de vista es considerado, se da cuenta de la importancia que tiene dentro de la familia, así como del resultado de sus decisiones –ver una película mala el fin de semana; tener nieve pero no galletas; que la sala sea pintada de un color verde y no naranja, etcétera; por lo que empieza a dimensionar los resultados antes de tomar una decisión al opinar. Claro está que, mientras mayor sea el niño, más reflexivas serán sus opiniones y viceversa.

c) Ser observadores al comportamiento de sus hijos

Cuando los niños están en problemas y no tienen la confianza para expresar lo que les sucede; sin decirlo, dan señales que alertan y muestran que algo no andan bien, estas señales pueden variar desde algún malestar físico hasta una *mala* actitud. Para poder ver esas señales, hay que estar al pendiente de sus hijos y ser un buen observador.

Cuando el niño tiene problemas, cambia de manera drástica algunas de sus conductas: no duerme bien, come mal, se pelea constantemente con compañeros en la escuela, se aísla, etcétera. Si observa alguno de estos cambios en su hijo, éstos están diciendo algo: ya sea que sus necesidades no están cubiertas, que algo le hace falta, que no se siente cómodo ante alguna situación, etcétera.

Si el niño no tiene la ayuda suficiente en casa cuando tiene un problema, acude a otras instancias que se le presentan como una posible solución para sus problemas; por ejemplo, la televisión, video juegos, redes sociales, Internet, a los compañeros del salón y, en el futuro, es más probable que consuman algún tipo de droga para evadir sus problemas.

Por ello es fundamental que los padres sean consistentes, no sólo en brindar ayuda cuando su hijo la solicite, sino también en ofrecerla cuando lo considera necesario. Si su hijo aprende que cuenta con sus padres para responder a cada circunstancia que se le presente, es poco probable que busque ayuda o alivio en otras alternativas mencionadas y que le pueden resultar dañinas.

d) Establecer límites

Para muchos padres es difícil establecer límites y prefieren aceptar las exigencias de su hijo para no tener un disgusto; pero mamá y papá deben hacerse cargo de sus responsabilidades y también de las consecuencias de hacerlo o no. Crear límites puede complicarse en un principio –pues se tiene la idea de que si no se le permite ser niño a un hijo, uno es mal padre–; sin embargo, el restringir al niño algunas conductas, sólo busca guiar al niño para que se incline por aquellas conductas positivas que, a largo plazo, tendrán mayores frutos para él.

A continuación se presentan algunas actividades que le facilitarán el fortalecer y mejorar estos factores de apoyo en la relación con su hijo.

MATERIALES

• Cuadros de actividades

ACTIVIDAD PARA APRENDER
Cómo fortalecer los factores protectores

Durante el desarrollo de los hijos, los padres cuentan con varias posibilidades para mejorar la comunicación con ellos. El reto consiste en que los padres comuniquen con la mayor claridad posible su manera de pensar y sentir, lo que permitirá a los niños aprender cómo realizarlo. Algunas actividades que se proponen para facilitar la comunicación son:

Actividades sugeridas	Aprendizaje
1. En familia se jugará a adivinar las emociones que el otro trata de demostrar sólo con la expresión facial, o con movimientos corporales, sin hablar.	Se conocerá la facilidad o dificultad de demostrar algunas emociones sin ayuda de las palabras.
2. Compartir experiencias: cada vez que se comente sobre alguna situación se mencionará el sentimiento que produce o un ejemplo de cuando personalmente se ha sentido así en otras ocasiones. Por ejemplo: "Me sentí triste como cuando me caí de la bicicleta", "estoy tan aburrido como cuando me quedé en casa porque tenía enyesada la mano". Puede hacerlo como un juego y utilizando una pelota. Alguien menciona una emoción y lanza la pelota, quien la toma debe evocar en que situación experimentó esa emoción; a su vez, menciona otra emoción y lanza la pelota a otra persona, quien deberá hacer lo mismo.	Con ejemplos será más fácil identificar lo que se siente y se piensa. Teniendo una idea clara, se podrán comunicar adecuadamente las emociones.
3. Utilizar un lenguaje adecuado para la edad del niño.	Todos estarán en la misma sintonía al momento de comunicarse.

Es importante que su hijo comprenda lo importante que son sus opiniones y la trascendencia de sus acciones y sugerencias dentro de la familia, y así ayudará a fortalecer la relación padre-hijo. Algunas actividades para incrementar la participación de su hijo, son:

Actividades	Aprendizaje
1. Decidir entre todos los miembros de la familia las actividades que realizarán el fin de semana.	Ayudará a que cada integrante sepa que tiene voz y voto en la familia.
2. Dedicar tiempo durante la semana para hablar de un tema de interés para toda la familia o dedicar tiempo para hablar de los temas que le interesa a cada uno de ellos.	Permitirá tener un momento común en el que todos puedan expresar lo que sienten y piensan.
3. Jugar a "Rey por un día". Este juego consiste en que un día a la semana, a una persona le toque ser el rey y pueda decidir las actividades que se realizarán.	Cada miembro de la familia sabrá lo que es tomar decisiones que van a ser cumplidas y también aprenderá a respetar las decisiones de los otros.

4. "Valores del mes", es un ejercicio para elegir un valor y desarrollarlo a lo largo de ese periodo.
  Se puede hacer una pequeña obra con títeres que represente situaciones en las que el valor está presente o en las que no y sus consecuencias.
  Se puede hacer énfasis en la conducta, utilizando frases conocidas como: "tienes el valor o te vale", "hay que ser responsables por la ropa que usas", "no tender la cama cuando te toca hacerlo, es ser irresponsable"; "respeta turno, que ya te tocará".
	Conocer y poner en práctica valores como: Tolerancia, respeto, humildad etcétera.

Ser padres interesados en sus hijos implica otorgarles tiempo para estar juntos y conocerse. Recuerde que lo más importante es que usted conozca y pueda identificar, tanto el comportamiento normal de su hijo, como los cambios drásticos que pudiera presentar. Algunas de las actividades que puede llevar a cabo para hacerlo son:

Actividades	Aprendizaje
1. Estar pendiente de la cantidad de comida que ingiere el niño.	Permitirá tener una referencia de lo que consume y poder saber con facilidad cuando las cantidades cambian.
2. Tener una constante comunicación con maestros de su escuela y padres de los amigos del pequeño.	Permite conocer el ambiente en el que se desarrolla su hijo y saber su conducta en la escuela.
3. Interesarse por el estado de ánimo del niño. Puede preguntarle cómo se siente, si en alguna ocasión observa al niño triste, irritado, desanimado de manera prolongada (varias horas o durante más de un día) pregúntele al respecto, siempre con interés y tolerancia, recuérdele que usted desea y puede apoyarlo y ayudarlo a resolver la situación que lo tiene en ese estado.	Detectar rápidamente cuando exista una situación que esté afectando y alterando la conducta de su hijo.

En ocasiones resulta difícil establecer límites en casa. Algunas de las herramientas que puede realizar para facilitar esto son:

Actividades sugeridas	Aprendizaje
1. Tener un reglamento sobre conductas adecuadas e inadecuadas.	Delimitar las opciones de conducta del niño.
2. Advertir al niño sobre las consecuencias de no acatar el reglamento.	Conocer la sanción y recuerde que sanción o castigo no es sinónimo de maltrato.
3. Cumplir con las promesas (premios y sanciones),que se le hacen al niño, cuando acate o desobedezca alguna de las reglas que hay en casa.	Dará el mensaje de que se puede creer en la palabra de sus padres y que sus conductas tienen consecuencias.

PRACTICANDO

A continuación se presentaran siete enunciados a los cuales les faltan algunas palabras, elija de la lista de palabras de abajo las que crea que completan adecuadamente el enunciado y escríbala en la línea.

Autoritarismo. Factores protectores. Convienen. Sentimientos. Promueven. Comunicación. Pensamientos. Problemas. Necesidades. Comunicar. Señales. Límites. Disminuyen.

1. Los _____ _____, se pueden definir como los recursos personales, sociales e institucionales, que favorecen la competencia, _____ un desarrollo individual exitoso y _____ la posibilidad de involucrarse en conductas problema.

2. La _____ es una habilidad que puede desarrollar y mejorar mediante la práctica.

3. La habilidad de comunicarse es la capacidad de expresar _____, _____ y _____ de una manera clara y precisa, para que el oyente pueda recibirlos y entenderlos.

4. Es importante enseñar al niño a _____ con palabras lo que siente, piensa o necesita y después acompañar o relacionar estas palabras con algún movimiento corporal.

5. Generalmente cuando los niños están en _____ no expresan lo que les sucede, sino que dan _____ que pueden servirle para saber si algo está pasando y, para poder ver esas señales, hay que ser un padre observador.

6. Establecer _____ puede ser difícil en un principio; sin embargo, el restringir conductas solo delimita las opciones del niño, por aquellas que le _____.

7. Los límites se establecen en función de los involucrados y no con _____.

Las respuestas a los enunciados son:

1. Factores protectores. Promueven. Disminuyen.
2. Comunicación.
3. Pensamientos. Sentimientos. Necesidades.
4. Comunicar.
5. Problemas. Señales.
6. Límites. Conviven.
7. Autoritarismo.

Identifique cuántos aciertos tuvo y evalúe con ello la claridad que obtuvo respecto al tema. Si tuvo menos de ocho aciertos vuelva a estudiar el tema.

Revisando los avances

En el transcurso de la semana lleve a cabo al menos una actividad de cada uno de los cuadros de la sección *Aprendiendo a:*

Utilice los tiempos que pasa con su hijo de manera cotidiana para ejercitarse en estas nuevas estrategias, como la ida a la escuela, la hora de hacer la tarea, las salidas con la familia, etcétera.

Para asegurar un mejor resultado de las actividades que realice, considere lo siguiente:

- Si la comunicación con su hijo no es frecuente, hable usted primero sin abordar directamente lo que se refiere a los sentimientos.
- Platique de temas que sean de interés para ambos (deporte, algún programa de televisión, algún curso que tomara su hijo); o del que esté interesado en conocer más y no lo haya hablado con su hijo, como la última fiesta a la que el niño asistió, los regalos que recibió en su cumpleaños, próximas fiestas a las que el niño quisiera ir, etcétera.
- Pregunte a su hijo de qué le gustaría hablar, qué le gustaría hacer el próximo fin de semana y, de paso, lo estará acompañando en la toma de decisiones.
- Aumente el tiempo que pasa con su hijo sin interferir con las actividades cotidianas del niño; utilice el tiempo en que su hijo no tiene planes ni compromisos o cursos deportivos y culturales. El hacerlo así ayudará a que su hijo no tenga que renunciar a actividades que sean importantes para él y en las que esté más interesado.

Después de haber llevado a cabo el acercamiento durante el transcurso de la semana, conteste a lo siguiente:

1. ¿Invertí más tiempo en mi hijo para poder realizar las actividades?
2. ¿Qué factores de protección fortalecí?
3. ¿En qué ayudó a mi hijo al fortalecer este factor?

4. ¿Tuve dificultades para llevar a cabo alguna de las actividades? ¿De qué manera podría evitar que esto suceda?
5. ¿Con qué actividades me sentí más cómodo?

Es importante que registre el progreso en la relación con su hijo, en la medida en que lleva a cabo cada una de las actividades, así como las mejoras que espera que tendrán en su hijo.

Es indispensable que la realización de actividades con su hijo se convierta en un hábito y no sólo se haga durante un tiempo; sin embargo, usted podrá seleccionar los momentos de calidad a emplear con su hijo. Continúe realizando actividades sugeridas en los cuadros, intente crear otras que sigan cumpliendo con el objetivo. Utilice al menos media hora diaria para hacerlo.

Tema 4
Postergando beneficios

Propósito

Que los padres conozcan qué es el autocontrol, su importancia en la prevención de adicciones y en el desarrollo de conductas benéficas para el desarrollo propio y el de su hijo. Se busca que puedan fomentar el autocontrol para protección en su hijo.

¿Qué es el autocontrol?

Durante el transcurso de nuestra vida nos enfrentamos a situaciones en las cuales podemos elegir entre diferentes alternativas que traen consigo diferentes beneficios, unos mejores que otros. En algunas ocasiones, la opción de mayores beneficios es de resultados a largo plazo y es necesario decidir entre ella o una de menores beneficios a corto plazo.

Por ejemplo, digamos que a una persona le ofrecen mantenerse en el mismo puesto en su trabajo ganando lo mismo la próxima quincena o cambiar de puesto, con un aumento, pero con pagos mensuales. Es probable que la persona considere las nuevas responsabilidades del puesto, las dificultades financieras que pudiera traerle el atrasar su siguiente pago durante una quincena, las ventajas del aumento en su pago, etcétera y es probable que la persona termine eligiendo la segunda opción aunque los beneficios se obtengan a más largo plazo.

Sin embargo, cuando se elige entre posibilidades que tienen beneficios a corto plazo y muchos más a largo plazo, la elección parece resultar difícil. Y un ejemplo claro de esta situación lo representa el consumo de drogas.

Cuando se puede elegir entre tomar alcohol o no tomarlo, una persona puede considerar: "si tomo me sentiré más relajado", "me será más fácil entrar en ambiente", "el sabor de la cerveza me encanta", "con una no pasa nada"; mientras que, no tomar, "disminuye las probabilidad de tener enfermedades del hígado como cirrosis, cáncer o alteraciones en el sistema nervioso central"; "permite mantenerse en un estado de mayor conciencia para actuar o conducir el automóvil"; "se puede evitar la resaca al día siguiente", entre otras. En este otro ejemplo resulta más difícil asegurar que la persona decidirá no consumir, aunque los beneficios sean mayores a largo plazo; esto se debe a que, a diferencia del otro ejemplo, en esta decisión los beneficios se postergan por un tiempo mucho mayor y muchas de las veces no definido o contundente.

En situaciones como esas, las personas comúnmente deciden no consumir o hacerlo de manera moderada. Tomar decisiones ocurre todos los días: cuando una persona se propone ponerse a dieta, ahorrar, invertir dinero en algún proyecto; cuando consideramos comer ensalada en lugar de un filete, etcétera.

Cuando decidimos tomar la opción que dará beneficios a largo plazo, y la llevamos a cabo, estamos empleando autocontrol.

El autocontrol es la capacidad que tiene una persona para dominar su conducta en relación a un objetivo, buscando la obtención de beneficios a largo plazo, a costa de la pérdida de beneficios a corto plazo.

El autocontrol es fundamental para prevenir adicciones, pues la persona aprende a valorar las consecuencias positivas y negativas de una conducta y entonces se decide por la mejor opción, de acuerdo a los objetivos que se plantea; es decir, elige el no consumir porque valora las consecuencias a corto y largo plazo y elige la que tiene más beneficios: abstenerse de consumir.

En este sentido hay que resaltar que el autocontrol es una capacidad que se aprende, asegurando que la persona será capaz de esperar las ganancias de determinada acción, aun cuando estas se presenten a largo plazo. El dominio de sí mismo tiene que ver con la capacidad de postergar.

¿CÓMO AUMENTAR EL CONTROL QUE SU HIJO TIENE DE SÍ MISMO?

En la niñez, el comportamiento del niño está regulado principalmente por padres y maestros. Se considera importante que con el tiempo el niño pueda ejercer autocontrol, para que pueda desempeñarse con mayor facilidad, realizando las actividades que tengan mayores beneficios a largo plazo.

Trabajar el autocontrol es necesario para preparar al niño a tomar decisiones, sobre todo en la escuela primaria. Hay que enseñarle a que espere su turno en una fila; a no hablar todos al mismo tiempo, a escuchar atentamente, a trabajar y hacer sus deberes; a mantenerse atento en las actividades del salón, etcétera; en lugar de jugar, de sentarse a ver la tele, de platicar con los compañeros, adelantarse en la fila, entre otros actos disfuncionales.

El niño puede que no vea los beneficios que le dará el hacer la tarea en lugar de estar jugando con sus juguetes, por lo cual se pueden dar algunas recompensas a corto plazo que favorezcan la atención del niño en la actividad que le dará mayores recompensas.

En el ejemplo anterior, los padres pueden acercarle algún alimento que no ensucie la tarea del niño, felicitarlo por estar haciendo la tarea de manera adecuada, contarle algo que le sea divertido o platicar con él de algo agradable –siempre y cuando esto se haga a la par de la tarea y no como una interrupción–, así su hijo podrá obtener inicialmente recompensas a corto plazo y a largo plazo; y, poco a poco, puede ir retirando las recompensas a corto plazo, dejando que el niño obtenga sólo las recompensas a largo plazo.

Es por ello que el papel de los padres para el desarrollo del autocontrol es fundamental, ya que son ellos quienes pueden ayudar a sus hijos a analizar cada una de las alternativas que se les presenten, en términos de ventajas y desventajas de cada una de las opciones, de manera que el niño aprenda a elegir aquellas que generan mayores beneficios y menores desventajas, tanto a corto como a largo plazo.

De manera inicial los padres pueden ponderar, junto con sus hijos, las ventajas y desventajas de cada opción, para que ellos vayan aprendiendo a hacerlo y, de manera paulatina, el niño será capaz de hacer el análisis de los beneficios de cada opción con menor ayuda.

La idea es que su hijo aprenda a controlar su conducta partiendo de situaciones poco complejas –como esperar su turno para obtener una rebanada de pastel– a situaciones más complejas, como abstenerse de golpear a su hermano. Así adquirirá las herramientas necesarias para enfrentar las situaciones adversas que llegue a enfrentar a lo largo de su vida.

En los siguientes apartados se presentan algunas actividades y juegos que le servirán para ayudar a su hijo a adquirir y mejorar su capacidad de autocontrol. Es importante que las realice de manera constante (al menos una o dos veces por semana), para practicar y desarrollar esta habilidad.

MATERIALES

- Cuadro de actividades

ACTIVIDAD PARA APRENDER
Aumentar el uso del autocontrol en mi hijo

Aunque parezca difícil de creer, el autocontrol puede ser aprendido por un niño desde temprana edad. ¿Cómo? Hay que enseñar al niño a tener control en situaciones simples y por periodos de espera breves y lograr una progresión en el control de su conducta ante situaciones más complejas y por periodos de espera de mayor duración.

Por ejemplo, si se quiere evitar que el niño le pegue a la piñata antes de la hora designada para hacerlo, se empezará por explicarle que esta actitud no es deseada; puede decírsele alguna de las siguientes frases: "hay un tiempo para hacerlo", "tal vez habrá que hacer una fila para poder pegarle a", "debes esperar hasta que todos estén desocupados para hacerlo", "la piñata será quebrada después de la comida y aún faltan tres personas, debes esperar".

Realizando cosas como éstas, poco a poco se lograra que el niño aprenda el *por qué no;* y entonces hay que ocuparnos en el *cómo;* por ejemplo, recordarle al niño que alguna vez ya esperó por algo; hacerle ver que ya le tocará su turno o sugerirle alguna actividad para hacer mientras espera.

Al iniciar con actividades que fomentan el autocontrol en los niños es importante que sean muy divertidas, para que despierten su interés y así le sea más fácil y rápida la adquisición del autocontrol.

A continuación se presentan algunas actividades con las que su hijo puede poner en práctica el autocontrol de manera clara y divertida. Algunas de ellas también están relacionadas con aspectos de comunicación y toma de decisiones.

Actividades sugeridas	Aprendizaje
1. Juegos dirigidos a la espera de turnos, por ejemplo: • La cuerda. • Los listones. • Pastel partido.	Consolida en los niños el autocontrol de algunos comportamientos.
2. Juegos en donde hay momentos en que es bueno el movimiento y otros en que el control de éste es precisamente el objetivo, por ejemplo: • Las estatuas de marfil. • Stop.	Controlar la conducta motriz.
3. Juegos de mesa dirigidos a la espera de turnos. Memorama. • Jenga. • Serpientes y escaleras. • Turista. • Ajedrez.	Entender que la espera de turnos no sólo aplica en actividades motrices y que esperar resulta parte de las actividades que se realizan.
4. Jugar planteando situaciones hipotéticas que se deben resolver; por ejemplo: Si tienes mucha tarea que hacer pero también quieres ver una película: ¿Qué harías? ¿Cómo podrías resolverlo sin dejar de cumplir con tus responsabilidades escolares? Si estás formado en una fila para comprar algo y un niño no toma su turno ¿Cómo reaccionarías? Si vas a salir a jugar y, justo cuando estás a punto de irte, alguien en casa te pide un favor ¿Qué harías?	Conocer cómo piensa el niño y qué información es necesario explicar con más detalle para que sea comprendida por otros.

PRACTICANDO

Durante la semana efectúe al menos tres de los juegos sugeridos y observe cómo se comportó su hijo en ellos.

REVISANDO LOS AVANCES

Después de realizar las actividades con su hijo y haberlo observado al participar en ellas, responda las siguientes preguntas:

- ¿Hubo algún juego en el que su hijo no se mostrara interesado, como si no se divirtiera?
- ¿Su hijo tuvo dificultades para respetar turnos en alguno de los juegos?
- ¿En alguno de los juegos su hijo mostró facilidad para respetar las reglas de manera adecuada, incluso la espera de turnos?
- ¿En qué juegos su hijo se mostraba más interesado?

ACTIVIDAD PARA LA SEMANA

Platique con su hijo sobre las actividades realizadas, mencionándole la importancia de controlar su comportamiento al jugar. Puede aprovechar para mencionar y elogiar las situaciones en las cuales su hijo pudo esperar turnos, seguir las reglas del juego adecuadamente, dio opiniones muy acertadas, pidió las cosas y ayudó por iniciativa propia, así como todas aquellas otras conductas que resultan benéficas para él y para los otros, como que ayude a guardar los juguetes, que participe al limpiar el área que se ensució antes y durante el juego.

TEMA 5
SOLUCIÓN DE PROBLEMAS

PROPÓSITO

Que conozca cuáles son los pasos a seguir para poder solucionar problemas de manera adecuada y pueda ayudar a su hijo a aprender y aplicar estos pasos para enfrentar sus problemas cotidianos, evitando que en un futuro él considere consumir alcohol u otras drogas como una solución a sus problemas.

A lo largo del día nos enfrentamos con un sinfín de situaciones que ameritan tomar decisiones, lo que puede convertirse en un problema. Sin embargo, ¿qué son los problemas? Pues bien, se entiende como problema *cualquier situación que requiere una respuesta eficaz que no se posee.* Estas situaciones provocan un desequilibrio en la vida que impide que la persona siga actuando de manera normal.

Los problemas que no se resuelven generan un malestar acumulativo que puede fracturar relaciones; llevar a la persona a tomar malas decisiones o terminar en alguna enfermedad física o psíquica; por tanto, es importante desarrollar una estrategia general que ayude a encontrar soluciones rápidas y eficaces para los problemas cotidianos.

Varios especialistas proponen una serie de pasos a seguir para lograr la solución de problemas:

1. *Especificar el problema.*
   Es importante definirlo; delimitar la situación que está generando alguna dificultad en nuestra vida y requiere ser modificada, con el fin de clarificar a qué se le debe dar solución.

2. *Recordar cómo se han resuelto anteriormente problemas similares.*
   Aunque ningún problema es igual al anterior, pueden existir similitudes en los problemas que ha solucionado antes y el que actualmente enfrenta. El tener en cuenta cómo se ha solucionado un problema parecido anteriormente, permite retomar las soluciones que le han servido y las que no, identificando posibles alternativas de solución.

3. *Identificar todas las soluciones posibles.*
   • Reflexione sobre todas las respuestas que se le ocurran, siguiendo las siguientes normas:
   • No autocriticar las ideas que le vienen a la mente.
   • Escribirlas en forma de lista para que queden plasmadas todas y cada una de ellas.
   • Aunque alguna solución le parezca absurda, en principio es válida.
   • Producir muchas ideas de soluciones alternativas y plasmarlas todas.

4. *Tomar en cuenta efectos positivos y negativos de cada posible solución.*
Analizar las ventajas y desventajas que trae cada una de las soluciones, no implica sólo identificar la cantidad de aspectos favorables y desfavorables de cada posible solución, sino la importancia de cada una de ellas.

Todas las opciones tendrán ventajas y desventajas, lo importante está en identificar cuál es más favorable. Por ejemplo, si piensa comprar una televisión es necesario valorar el precio, tamaño, calidad de imagen de las pantallas que le hayan gustado; posiblemente le convenga la de mayor calidad y tamaño (ventaja) aunque el costo sea más elevado (desventaja).

5. *Poner en práctica la mejor de las alternativas.*
Cuando se tienen claras las ventajas y desventajas de las posibles soluciones, es más fácil seleccionar la que se empleará para resolver la disyuntiva. De la lista de posibles soluciones, considerando las ventajas y desventajas de cada una de ellas, seleccione la que le parezca mejor y llévela a cabo.

6. *Evaluar el resultado.*
Después de poner en práctica la solución seleccionada, se deben revisar los resultados que ha tenido. Si el resultado no es el que se esperaba, hay que hacer uso de otras alternativas.

Ahora que conoce el proceso de solución de problemas, el reto es trasmitir a su hijo este procedimiento para que solucione los suyos rápidamente, evitándole pensamientos negativos que limiten su adecuado desarrollo. Recuerde, el aprender a resolver problemas es fundamental para la estabilidad personal.

A continuación se presentan algunas actividades que podrá emplear para poner en práctica el proceso de solución de problemas y otras más que le servirán para ayudar a su hijo a aprender y llevar a cabo este proceso también.

MATERIALES

- Tabla con pasos para tomar una decisión

ACTIVIDADES PARA APRENDER
Aplicando los pasos para tomar una decisión

Ahora que sabe cuáles son los pasos a seguir para tomar una decisión que arroje los mejores resultados o los más adecuados para sus circunstancias, habrá que ejercitarlos.

Suponga que lo que quiere decidir es: "a qué curso extra escolar quiero inscribir a mi hijo", partiendo sólo de la idea que le gustaría que es fuera algo que le agrade al pequeño y, que a la vez tenga alguna otra utilidad. Antes de tener en cuenta sus opciones sería bueno preguntarle al niño lo que él preferiría y entonces:

1. Concretar el problema: elegir un curso extra escolar para su hijo.

2. Recordar cómo se han resuelto anteriormente problemas similares
   - Usted toma la decisión en base a la opción que le parece que es la mejor.
   - La decisión se basa en "qué tan cerca de su casa está el lugar de la actividad extra".
   - Costo de la inscripción.
   - Otros.

3. Identificar todas las soluciones posibles
   - Tipo de escuela que quiere para su hijo como: de deportes, de artes (música, pintura, danza), de manualidades o de regularización de alguna materia, etcétera.
   - Alternativas relacionadas con la cuestión económica como: con cuánto dinero se cuenta para esa actividad; si se pagará por semana, quincena o mes; si se tiene que pagar de contado o en abonos, etcétera. Recuerde: cualquier cosa que se le ocurra es una alternativa válida.
   - Soluciones que tienen que ver con la distancia de la casa a la escuela como: cuánto tiempo se tiene que invertir en el traslado; si está cerca o lejos de casa; cuántas maneras de llegar existen; quién lo lleva, etcétera.

4. Tomar en cuenta efectos positivos y negativos de cada posible solución.

- Para esto se tiene que hacer un balance de los pros y contras de cada una de las alternativas; por ejemplo: para la escuela de deportes:

Cosas buenas	Cosas no tan buenas
Estimula el desarrollo físico.	Dependiendo del deporte, tendrá que comprar algún tipo de herramienta o material (uniforme, pelotas, pinturas, entre otros).
Se especializará en un deporte.	Ya practica suficiente deporte en la escuela.
Es algo agradable para su hijo y benéfico.	Le gustaría que tuviera también un acercamiento a otro tipo de actividad.

Es necesario realizar esto con cada una de las opciones, a fin de tener de manera clara las cosas buenas y malas de cada una y así poder compararlas de manera más clara y rápida; y poder elegir aquella que se considere mejor.

5. Poner en práctica la mejor de las alternativas. Es momento de aplicar la decisión elegida y saber si trae los resultados que esperaba.

6. Evaluar el resultado. Usted es el único que puede decidir si la solución empleada resolvió la disyuntiva de manera adecuada y satisfactoria; o si considera adecuado utilizar otra de las opciones identificadas. Si la elección le ha dejado satisfecho, el proceso termina aquí; en caso de que no, revise si el planteamiento del problema fue el adecuado o es necesario replantearlo y hágalo revisando los pasos, hasta obtener otra solución que, al ser aplicada, dé solución al problema.

Practicando

Es momento de saber qué tan claro le ha quedado este tema y para eso se presentará un cuadro que le ayudará a identificar los pasos y a tomar una decisión. Para el llenado de este cuadro es necesario que exista alguna decisión a tomar o alguna situación que no haya resuelto. Luego de identificar la circunstancia, aborde cada uno de los pasos para llegar a una solución. Por tratarse de una situación real, podrá no sólo analizar y completar cada paso, sino también llevar a cabo la solución elegida y evaluar los resultados obtenidos de manera más directa.

Pasos	Cómo hacerlo
1. Concretar el problema.	Escriba el problema.
2. Recordar cómo suele responder a problemas de este tipo.	Qué ha funcionado.
3. Hacer una lista con soluciones alternativas.	Qué podría hacerse para llegar a una solución.
4. Valorar las consecuencias de cada alternativa.	Escribir ventajas de cada alternativa.
5. Llevar a cabo la solución seleccionada.	Ponga en práctica la solución que resulte más benéfica, de acuerdo con las ventajas y desventajas que tiene.
6. Valorar los resultados.	Identifique si la opción tiene los elementos que esperaba o se tendrá que hacer alguna modificación.

REVISANDO LOS AVANCES

El uso de estos pasos para la solución de problemas o toma de decisiones, busca facilitar el análisis de las alternativas. Mientras más utilice este procedimiento, mayor facilidad tendrá para identificar las soluciones, así como para evaluarlas y llevar a cabo la que considera mejor. Continúe practicando con este procedimiento y, cuando lo considere pertinente, enseñe a su hijo a realizarlo.

- Para que su hijo pueda aplicar los pasos, es necesario que usted explique con ejemplos claro y sencillos cómo hacerlo.
- El proceso puede aplicarse a decisiones cotidianas.
- Es recomendable que al principio escriba los pasos de manera detallada y, poco a poco, puede realizar el análisis eliminando algunos.
- Cuando inicie la enseñanza a su hijo de los pasos para la solución de problemas, explíquele con ejemplos suyos y ayúdelo para que lo aplique a situaciones personales de él.
- Puede realizar algunas preguntas para orientar y facilitar al niño la realización de los pasos, algunos ejemplos de preguntas son: "¿qué tienes que hacer?", "¿cuál sería el problema?", "¿qué es lo que se te está dificultando?", "¿antes te había pasado algo similar?", "¿habías

resuelto algo así?", "¿qué hiciste para solucionar aquél problema?", "¿cómo resultó lo que hiciste antes para solucionar un problema similar?", "¿qué otra cosa pudiste haber hecho?", "¿se te ocurre otra forma de resolver el asunto?", "¿cuál de las soluciones podría ser la mejor?", "¿qué ventajas tendría esa solución?", etcétera. Estos son ejemplos de preguntas, recuerde que no es necesario que el niño conteste a todas para un problema; pregunte dos o tres y ayúdele a identificar cómo realizar cada paso.

- Lo más importante será ver a su hijo realizando y aplicando este proceso para solucionar problemas o tomar soluciones. En algunas ocasiones, cuando el menor esté presente mientras usted está llevando a cabo el proceso, explique a su hijo cómo lo hace, de manera simple, clara y breve.

TEMA 6
NEGOCIACIÓN

PROPÓSITO

Que aprenda a utilizar y fortalecer el uso de la negociación para llegar a acuerdos y enseñe a su hijo a resolver conflictos negociando, con la finalidad de componer situaciones donde los intereses de otros se vean directamente involucrados.

Cuando dos o más personas tienen dificultades para resolver un conflicto, resulta necesario negociar; esto es, que exista un intercambio de ideas entre quienes quieren llegar a un acuerdo –puede ser entre padres e hijos–, donde se respeten todas las opiniones y se llegue a una solución que beneficie a todos los involucrados.

Tal vez en este momento la palabra negociación signifique algo muy elaborado donde se tenga que invertir mucho tiempo conversando para llegar a un acuerdo; pero, recuerde que se empezará por cosas pequeñas, para después ir elevando la complejidad y con esta progresión de conductas se lograrán acuerdos fácilmente.

Para este momento, los papás y las mamás ya tiene muchas de las herramientas necesarias para realizar una buena negociación –comunicación, atención, sensibilidad a las necesidades de su hijo, etcétera–, que le servirán posteriormente para poder realizar acuerdos.

Como ya se había comentado antes, una de las razones por las que se consumen drogas es porque se ven como una alternativa de solución ante algunas problemáticas y es por eso que la negociación puede ser una herramienta para que su hijo aprenda que la manera correcta de solucionar los problemas es enfrentándolos.

Sin embargo, muchas veces se actúa dominando, es decir, no dando oportunidad de expresar lo que piensan todas las personas involucradas en la toma de acuerdos y considerando únicamente la opinión propia como lo que se *debe* hacer; o se elude el problema, esperando las posibles consecuencias de no actuar para solucionarlo.

Negociar es exponer e intercambiar ideas con la finalidad de llegar a un acuerdo que sea benéfico para quienes están involucrados. En capítulos anteriores usted ha negociado con su hijo sobre diferentes temas como: la repartición de recompensas; las cosas que hará su hijo antes de ver la televisión; en la realización del contrato conductual, etcétera. Por tanto, este no es un tema totalmente nuevo. Lo que sí será diferente es que ahora enseñará a su hijo que negociar es una manera muy eficaz de enfrentar conflictos.

A continuación se presentan algunas actividades que le ayudarán a su hijo cómo negociar.

MATERIALES

- Tabla para identificar "situaciones negociables"

ACTIVIDAD PARA APRENDER
Negociar

Imagine que ha decidido negociar con su hijo alguna de las siguientes situaciones:

- Cantidad de veces que puede salir con sus amigos en una semana.
- Disminución de su "domingo" o "mesada".
- Aumento de las actividades de aseo que su hijo realiza en casa.

- El permiso para ir a la fiesta de cumpleaños de uno de sus compañeros de la escuela.

Después de seleccionar alguna de estas situaciones, conteste lo siguiente:

- ¿En qué momento del día sería más fácil abordar el tema?
- ¿Quiénes deben estar presentes al hablar de la situación?
- ¿Qué razones le daría a su hijo para que considere aceptar su propuesta?
- ¿Qué beneficios obtendrá su hijo de esta propuesta?
- ¿Cuánto es lo más que podría tolerar para hablar y resolverlo?
- ¿Cuánto es lo mínimo que podría ofrecer según la circunstancia que eligió?

Es posible imaginar cómo puede negociarse una situación antes de llevarlo a cabo; esto facilita el tener una noción de lo que espera que ocurra al negociar y puede ayudarle a identificar cuáles son sus exigencias mínimas y máximas respecto a lo planteado. Recuerde que tanto sus intereses como los de su hijo y los de otras personas, están en juego al negociar, y la decisión a tomar debe ser aceptada por todos y resultarles satisfactoria.

PRACTICANDO

Existen diferentes maneras que pueden ayudarle a identificar situaciones en las cuales negociar con su hijo. A continuación indicamos algunas de ellas, con el objetivo de facilitarle su delimitación y pueda aplicar la negociación de manera rápida y cotidianamente:

Actividad para identificar situaciones donde puede practicar la negociación con su hijo.	Consideraciones
Escriba en una hoja las situaciones por las cuales discute con su hijo; sus desacuerdos por los cuales su hijo se molesta en casa.	Recuerde que estas situaciones no son las únicas que acontecen con su hijo. El objetivo es identificar las situaciones en las que puede negociar con él, no que se centre en los problemas de ambos. Al identificar las situaciones comience a implementar la negociación y lleguen a acuerdos. Es importante que sea consistente y respete los acuerdos.

De la siguiente lista identifique cuáles situaciones se presentan cuando está con su hijo: Salimos al cine, parque, circo, museo o cualquier otro espacio recreativo. Me acompaña a realizar las compras de la semana. En ocasiones vamos juntos a la tienda. Vemos películas o televisión juntos.	Cuando identifica las actividades que hace junto con su hijo, también está identificando situaciones en donde es posible negociar. Cuando salgan ofrézcale discutir sobre qué hacer fuera de casa. Considere las opciones que su hijo da, ya sea al seleccionar una película, el lugar a donde quiere ir a comer, la marca del cereal que sugiere comprar, etcétera; y pregúntele sobre la razón de su elección.
Anote cuáles situaciones cotidianas pueden solucionarse mediante el uso de la negociación. Apunte tantas situaciones como le sea posible.	Tome en cuenta aquellas situaciones en las cuales están involucradas directamente otras personas. Puede hacer la lista con ayuda de esas personas involucradas. Pueden agregarse cuestiones como: visitas a la familia, horarios más adecuados para hacer la tarea, cambios en los hábitos alimenticios, etcétera.
Realización de juegos que impliquen negociar, aunque sea sólo al inicio, como en el fútbol.	Durante el juego puede enfatizarse el objetivo principal de la negociación y que se establezca un acuerdo con la decisión tomada. Es divertido y puede resultar aún más atractivo para los niños de menor edad. Puede relacionarse con la solución de problemas con frases como: "ya elegimos los equipos, felicidades, resolvieron rápido ese problema", "muy bien, ya solucionaron el problema de los turnos, ahora veamos quien gana el juego", "podemos negociar el cambio de portería a tres goles", etcétera.

Aplicar de manera cotidiana el proceso de negociación, facilitará la solución de problemas mediante la comunicación. Su uso frecuente creará un hábito que su hijo utilizará en todas las situaciones, tanto en casa como en la escuela, con los amigos y en cualquier otro lugar donde se encuentre. De ahí la importancia de que los padres sean los primeros en fomentar en casa aquellas conductas que considera apropiadas para el desarrollo adecuado de su hijo, evitando así que su hijo realice conductas peligrosas, como el consumo de alcohol u otras drogas.

REVISANDO LOS AVANCES

Al terminar de realizarlas analice lo siguiente:

- ¿Qué aspectos de la relación estoy mejorando?
- ¿Qué beneficios obtengo al mejorar la relación?
- ¿Qué factores protectores estoy fortaleciendo al hacer esta actividad con mi hijo?
- ¿Qué beneficios tiene para mi hijo que fortalezca estos factores protectores?
- ¿El hacerlo ayuda a que mi hijo no presente conductas dañinas? ¿Cuáles?

ACTIVIDAD PARA LA SEMANA

Seleccione al menos dos de las actividades planteadas en el apartado anterior y realícelas durante el transcurso de la semana.

CONCLUSIONES

A lo largo de los temas, usted ha tenido la oportunidad de modificar de manera positiva la relación que mantiene con su hijo; ha realizado actividades para mejorar la calidad del tiempo que le dedica y una mejora en la convivencia familia, así como ha podido conocer las ventajas que estas actividades tienen para su hijo.

Ya ha visto que no requiere de grandes cantidades de tiempo para formar a su hijo, sino que ese tiempo sea de gran calidad.

Siempre es posible utilizar lapsos breves para hacerle saber a su hijo que él es importante para usted y, por lo tanto, su hijo sentirá que usted tiene interés en saber que está bien y en ayudarlo cuando no sea así.

Mejorando la relación con su hijo, asegura una mayor apertura y un gran apoyo entre ambos. Vale la pena intentar todas las estrategias posibles si esto redunda en educar humanos útiles a sí mismos y a los demás; hijos con los que pueda uno cambiar las dimensiones del mundo, de la familia y del entorno.

Esperamos que este Manual sea una herramienta que cumpla con los propósitos que cualquier padre tiene respecto al desarrollo de habilidades y destrezas tan necesarias en la época actual.

Cooper, J.O., Heron, T.E., & Heward, W.L. (2007). *Applied behavior analysis* (2nd. ed.). Nueva Jersey: Pearson Prentice Hall.

Delval, J. (1994). *El desarrollo humano.* España: Siglo XXI.

Jessor, R. (1993). Successful adolescent development among youth in high-risk settings. *American Psychologist,* 48,117-126

Kazdin, A. (1996). *Modificación de la conducta y sus aplicaciones prácticas.* México: Manual Moderno.

Martínez, K., Salazar, M., Ruiz, G., Barrientos, C. & Ayala, H. (2009). *Programa de intervención breve para adolescentes que inician el consumo de alcohol y otras drogas. Manual del Terapeuta.* (3rd Ed.) México: UNAM.

Mendoza, B. (2012). *Bullying: Los múltiples rostros del acoso escolar.* México: Pax México.

Mendoza, B. (2010). *Manual de auto control de enojo. Tratamiento cognitivo-conductual.* México: Manual Moderno.

Mendoza, B. (2009a). Taller para la detección de casos de abuso sexual Infantil en niños de educación básica. *Psicología Iberoamericana,* 1, 24-36.

Mendoza, B. (2009b). Bullying. *Revista Ciencia y Desarrollo,* 233, 36-43.

Nickel, H. (1978): *Psicología del desarrollo de la infancia a la adolescencia.* Barcelona: Herder.

Olweus, D. (1993). *Bullying at school. What we know and what we can do?* Oxford: Blackwell, Publishers, Inc.

Organización Mundial de la Salud (2008). *Alcohol y atención primaria de la salud: informaciones clínicas básicas para la identificación y el manejo de riesgos y problemas.* Washington, D.C.: OMS.

Ovejero, A. (2004). *Técnicas de negociación. Cómo negociar efizaz y exitosamente.* Madrid: Mc Graw Hill/Interamericana de España.

Piaget, J. (1986). *Seis estudios de psicología.* Barcelona: Ariel.

Rachlin, H. (2000). *The science of self-control.* Cambridge, Ma: Harvard University Press.

Tiburcio, M., Carreño, S., Martínez, K., Echeverría, L. & Ruíz, E. (2009). *Cómo reducir el consumo de sustancias con intervenciones breves.* México: Pax México.

Zurilla, T. & Nezu, A. (2010). Problem-solving therapy. En K. S. Dobson (Ed.), *Handbook of cognitive-Behavioral therapies* (pp. 197-225). Nueva York, NY: The Guilford Press.

Acerca de los autores

Francisco Javier Pedroza Cabrera

Licenciado en Psicología por la Universidad Autónoma de Aguascalientes (UAA), doctor en Psicología por la Universidad Nacional Autónoma de México (UNAM), realizó una estancia posdoctoral en Ciencias del comportamiento: opción análisis de la conducta, en la Universidad de Guadalajara (U. de G.).

Es profesor e investigador de tiempo completo en la Universidad Autónoma de Aguascalientes, en donde actualmente es responsable del programa del Doctorado Interinstitucional en Psicología.

Sus líneas de investigación se centran en el estudio del desarrollo de comportamientos antisociales (comportamientos agresivos y comportamientos adictivos) en la infancia y la adolescencia, y estilos interactivos en comportamientos delictivos. De dichas investigaciones ha escrito artículos en revistas indizadas y arbitradas, capítulos de libro, y ha sido conferencista en los ámbitos nacional e internacional.

En 2009 recibió el premio al mérito en investigación (investigador avanzado) otorgado por la UAA al equipo de trabajo de investigación del CA-99, "investigación en comportamientos adictivos".

Es miembro del Sistema Nacional de Investigadores (SNI), Nivel 1 y reconocido como profesor con perfil deseable PROMEP. Su correo electrónico: fjpedroz@correo.uaa.mx

Brenda Mendoza González

Miembro del Sistema Nacional de Investigadores en México (SNI). Doctora en Psicología por la Universidad Complutense de Madrid (UCM), Maestra en Análisis Experimental de la Conducta por la UNAM, Master en Programas de Intervención Psicológica en contextos educativos en la UCM. Posdoctorada en la UNAM. Su línea de investigación desde hace más de quince años ha sido maltrato infantil, bullying, y abuso sexual. Ha participado en equipos de investigación en México y Madrid. Ha impartido conferencias y ponencias nacionales e internacionales en España, Inglaterra, Venezuela, Brasil, Grecia, México. Ha participado en la elaboración de materiales que edita la Secretaría de Educación Pública (SEP) y la Secretaria de Educación del D.F., participó durante tres años como especialista en diversos temas para ayudar a mujeres y niños en editorial Televisa, participa en programas de radio y televisión para orientar al público en prevención y atención en maltrato, bullying, auto control del enojo. Ha escrito artículos en revistas científicas y libros en Editorial Pax México y Manual Moderno. Ha recibido premios y reconocimientos, como la Medalla Alfonso Caso, el Premio Gustavo Baz Prada, ha recibido Mención Honorífica en sus posgrados y fue condecorada en el Doctorado con Cum laude. Su correo electrónico: brenmx@yahoo.com.mx

Kalina Isela Martínez Martínez

Doctora en Psicología por la Universidad Nacional Autónoma de México (UNAM) (1999-2003), con el trabajo: "Desarrollo y evaluación de un modelo de intervención breve para adolescentes que consumen alcohol y otras drogas". Ha participado como ponente y tallerista en congresos nacionales e internacionales. Es autora de varios artículos científicos y libros en el tema de prevención del consumo de drogas y su modelo de intervención se ha publicado en cuatro ediciones por el Centro Nacional de Adicciones (CENADIC), el cual es un programa básico de atención en los centros de adicciones a nivel nacional. Es profesora e investigadora de tiempo completo en la Universidad Autónoma de Aguascalientes (UAA); además participa como profesora invitada en la Maestría en Psicología de la Salud con énfasis en Adicciones en la Facultad de psicología de la UNAM. Ha coordinado cinco investigaciones diferentes relacionadas con el tema de adicciones y ha formalizado redes de investigación en instituciones nacionales e internacionales. Ha recibido reconocimientos al mérito de investigación por parte de la UAA y por sus funciones como Secretaria técnica del doctorado interinstitucional en psicología, por parte del comité de posgrados interinstitucionales de la ANUIES. Su correo electrónico: kimartin@correo.uaa.mx

Esta obra se terminó de imprimir
en noviembre de 2012, en los Talleres de

IREMA, S.A. de C.V.
Oculistas No. 43, Col. Sifón
09400, Iztapalapa, D.F.